JN105801

進化するデジタルトランスフォーメーション

Beyond 2025

SAPジャパン インダストリー・バリュー・エンジニア
松井昌代 監修

プレジデント社

未来に不安を抱える
ビジネスパーソンと
その予備軍へ

序章
改めて2025年を考察する

そもそも2025年とは

2018年9月7日、経済産業省は「DX（デジタルトランスフォーメーション）レポート～ITシステム『2025年の崖』の克服とDXの本格的な展開～」を発表した。内容は、多くの日本企業が既存システムのブラックボックス化を解消できず、データを活用できずにいるが、このままこの課題を克服できずにいると、2025年以降、年間最大12兆円の経済損失が生じる可能性があるというものだ。

テクノロジーに関しては、DXレポートよりも前に、私たちは「2025」という数字を冠した本に出会っている。そう、ロンドン・ビジネススクール教授であり、人材論、組織論の世界的権威リンダ・グラットン教授が2011年に執筆した書籍だ。

『WORK SHIFT ワーク・シフト　孤独と貧困から自由になる働き方の未来図〈2025〉』

これが、2012年7月に日本で出版された本のタイトルである。教授は2011年に、14年後の未来――必ずしもすべての人にとって楽観的とはいえない未来を予想した上で、そこに向かって一人ひとりがどうすべきかを説いている。『ワーク・シフト』（プレジデント社刊）は日本で大ヒットし、2013年にビジネス書大賞を受賞している。実際、私の周囲でも愛読書に挙げる人が多い。

教授が未来を形づくるものとして挙げているのが、次の5つの要因である。

要因1：テクノロジーの進化

要因2：グローバル化の進展

要因3：人口構成の変化と長寿化

要因4：社会の変化

要因5：エネルギー・環境問題の深刻化

2011年の出版から9年を経て、これらの要因の基と指摘される32の現象のほとんどが、今や現実となっている。改めて今読む価値があると強く思う。おそらくこれらの現象が急に変わることはなく、このまま2025年を迎えることは誰の目にも明らかだ。

本書出版にあたって、この変化の激しいビジネス界において予言がほぼ的中し、その結果として、これだけ息長く読まれるビジネス書には憧れるばかりである。自分たちの本もそうありたい、できうるならそれを超えたいと考え、僭越ではあるがその思いをタイトルに込めた。

グラットン教授とSAP

さらに教授は2014年に、『ワーク・シフト』の企業版として『未来企業』（プレジデント社刊）を出版した。

そこでは、働き方の変化と様々な変化が企業に与える影響、企業の取り組みとして社内のレジリエンスを高めること、地域社会との繋がりやサプライチェーン強化、さらにリーダーシップの再定義の必要性を説いている。

経済産業省が唱える2025年以降の日本の経済損失予測は、無視できるものではない。しかし、『ワーク・シフト』で教授が未来を形づくる5つの要因として挙げる最初のひとつ、「テクノロジーの進化」にフォーカスするだけでは、未来に向かうモチベーションが生まれにくい。昨今の気候変動や環境破壊の生々しいニュースやデータ、日本企業がグローバルレベルでそれぞれの業界をリードできなくなっている現実、今ひとつピントのずれた日本の働き方改革の議論など、解決すべき課題は他にも山ほどあるのだ。

そこで本書でのIT企業SAPの視点としては、要因1で言及されている「テクノロジー」はあくまでも課題を解決するための手段と位置づけ、未来に立ちはだかる課題に対して目を背けず、情熱を持って解決策を探ろうとしている、あるいは解決した先進的な取り組みから、日本が取り組むべきテーマの導出を図ることとした。そのことが、日本企業が2025年までにデジタルトランスフォーメーション（DX）に取り組むヒントになることを願い、何よりも、目的としてのDXではなく、本来あるべき、未来に向かう手段としてのDXに取り組んでいただけるのではないかと考えた。

いまさらだが、もしかしたらSAP（エス・エー・ピーと呼称）という社名を初めて聞いた方がいらっしゃるかもしれない。

SAPは1972年にドイツで創業し、あらゆる業種と規模の企業にビジネスソフトウェアを提供するグローバル企業である。世界180カ国で44万社以上の企業にご利用いただき、現在世界の商取引の77%はSAP製ソフトウェアによるシステムを経由している。ドイツ証券市場では時価総額第1位の企業でもあり、SAPジャパンはそのソフトウェアを日本で販売する現地法人である。SAPのビジネスソフトウェアとは、会計、人事、購買調達、生産計画、経費精算、営業、マーケティングといった企業の基幹業務ソフトウェアパッケージが核となっている。これらの業務は基本的にあらゆる企業で遂行されているが、業界によって固有のプロセスが存在する。そのため、現在SAPでは、25種類の業界向けソリューションを用意し、お客様のご支援を行う業界スペシャリストのグローバル組織が存在する。

本書の構成

本書のコンテンツは全部で34個。SAPジャパンにおいて、「業界スペシャリスト」あるいは「Industry Thought Leader」と呼ばれるメンバーを中心にした19名が、世界および日本における先進的取り組みに着目し、それらの日本における適用を考察したものである。

しかしながらグラットン教授の挙げた5つの要因は今や複雑に絡み合っていて、取り組みと要因は一意に紐付かない。そこで、新たに定義した5つの章立てを用い、地球から業界、企業、ビジネスモデル、人へという流れで紹介することをもってわかりやすさを図った。

第1章　地球へのまなざし〜エネルギー・環境問題へのテクノロジーを活用した取り組み

第2章　トップランナーは業界を超えて〜業界トップランナーによる、業界を超えてインスピレーションを与える取り組み

第3章　「透明性」という企業価値〜不確実で変化の多い時代における、企業のレジリエンスを高めるための取り組み

第4章　進化としてのビジネスモデル創造〜従来型ビジネスの成果を踏まえ、未来を見据えたデジタルテクノロジーを活用したビジネスモデルの創出

第5章　人が人らしくあるために〜テクノロジーが人の仕事を奪うのではなく、人が人らしく働き、生きるために活用している取り組み

これらの共通点は、業界、企業や団体の別、規模、その組織の歴史の長さを問わず、未来を見据えた取り組みということのみである。

また、その取り組み紹介の動画があるものは、誌面にQRコードを入れ、スマホでYouTube「SAPジャパンチャンネル」にアクセスすれば飛び出す絵本のようにご覧いただけるようにしている。

Contents

第2章 トップランナーは業界を超えて……064

Contents

第4章 進化としてのビジネスモデル創造……152

Contents

第 1 章

地球へのまなざし

Prologue

グラットン教授は、2025年の未来現象のひとつとして、「持続可能性を重んじる文化が形成されはじめる」を挙げている。しかし、2020年の日本では、まだ実体がないかもしれない。

地球そのものが限りある資源であり、従来の営みでは、汚し、枯れさせてしまうことを誰もが感じるようになった今、あまりにも大きすぎる課題を前にして人は何をすべきかを決められず、それ故に不安だけを抱えることになる。

SAPでは、2016年に社会貢献活動「One Billion Lives ― 10億人の生活をよくするアイディア」への企画募集を開始した。ビジネスソフトウェアと社会貢献。当初は一見直接の関わりがないように感じられた。

これは、顧客に選ばれる企業であるために、組織の一員である前にひとりの人間として、地球環境や社会の変化をどう捉えて行動するかを、SAPが社員に問うたものである。この活動の結果、顧客企業との繋がりは従来よりも一層強くなり、多くの取り組みに触れることができるようになった。

そして――、インダストリー4.0自体の「真の目的」も知ることになったのである。

01

循環型経済実現手段としてのインダストリー4.0

地球や世界に累積する様々な課題に対して、挑戦的に取り組み、解決策をもたらすものとは？

米タイム誌は、2019年「今年の人」にスウェーデンの高校生環境活動家グレタ・トゥンベリ（Greta Thunberg）さんを選出した。同誌は彼女を、「世界の姿勢の変化を起こし、漠然とした真夜中の不安を、緊急な変化を求める世界の運動に変えることに成功した」と評価した。しかしながら、気候変動問題が「複雑」であり、彼女にも「魔法の解決策はない」という。

グレタさんは国連気候行動サミットの場で、「大絶滅を前にしているというのに、あなたたちはお金のことと、経済発展がいつまでも続くというおとぎ話ばかり」「私はあなたたちを絶対に許さない」などと述べたというが、心ある大人は以前からこれを大問題として捉え、複雑な経済活動の中においても何らかの行動を起こさなければならないと知恵を絞ってきたことを、多くの人はもっと知るべきだろう。

ドイツ科学技術アカデミー「真の目的」

2018年8月、インダストリー4.0（以下、i40）の提唱者であるドイツ技術工学アカデミー(通称acatech)元会長のヘニング・カガーマン教授から、i40の「真の目的」について伺うことができた。

一般にi40は、デジタル技術を最大活用した「ものづくり」についての「ドイツの対外競争力を高める国家戦略」であると理解されている。現に同教授も「i40の目的は経済危機を経験したドイツの競争力向上にあった」と発言している。

しかし、今や中国、日本、韓国などアジア太平洋地域のものづくりに長けた国と企業なども競ってそれを研究し、その長所を取り入れようと努力している。もはや、ドイツ一国の戦略とはいえない世界的な広がりを見せている。

本項では、i40の一般的な理解をおさらいし、それが「循環型経済」実現にむけての手段のひとつとして重要であることを述べたい。

一般的な理解との乖離

2013年4月、acatechのワーキンググループによって、i40の最終報告書「Recommendations for implementing the strategic initiative INDUSTRIE 4.0」が公開された。そこにはi40が、ドイツ政府が推進する“製造業のデジタル化・コンピュータ化を目指す"国家的戦略プロジェクトであると述べられている。また、その実現に向けて、IoTやAIといったテクノロジーの最大活用でサイバーフィジカルシステム(CPS)を構築し、スマートファクトリーを実現していくこととしている。

i40は、消費者に合わせた一品一様の商品づくりであるマスカスタマイゼーションを実現することが根幹として重要であり、加えて、生産工程や流通工程のデジタル化により、自動化、バーチャル化を高めることで、これらにかかるコストを極小化し生産性を向上させることが目的である、とされている。

これらを目的・目標に、国家を挙げてi40に進路をとることが、**ドイツの対外競争力を高める国家戦略**なのだ、とacatechは提言している。

しかしながら、その報告書には、さりげなく次のような文言が挿入されている。

> さらに、Industrie 4.0は、今日世界が直面している挑戦的な課題に取り組み、解決策をもたらすことができると考えられる。例えば資源とエネルギーの効率化、都市部における生産、高齢化への対応などの挑戦的な課題である。Industrie 4.0によって、継続的な資源生産性と資源効率性の拡大が、全価値ネットワークを通じて実現できる。

つまりi40は、もっと高い次元の理想を掲げているのである。

地球のために「循環型経済」へ

時系列としてはacatechによるi40の提唱時期より後になるが、この世界において「そもそも何が課題なのか」という議論が国家という単位を超えて行われるようになった。

- 2015年頃、EUにおいて、今後20〜30年後を見据えて、**地球が住みやすい場所として存在し続けるために**、ビジネス界は何をしなければならないか、という議論があった。
- acatechは「**循環型経済**」すなわち産業における資源の使い過ぎや、使用されずに廃棄される製品に注意を向けて、構造的な無駄を排し循環する経済の必要性を提言した。
- 同時期に国連もSDGs（持続可能な開発目標）の制定に向けて動き、人々は「一方通行型経済」から「循環型経済」への移行について再考を始めた。
- 「循環型経済」のコンセプトは、SDGsに含まれる目標4〜5個と密接に関連している。
- ドイツ政府はacatechに「**循環型経済」への移行ロードマップ**作成を委託した。

「循環型経済」以前である現在は、原材料を調達し、

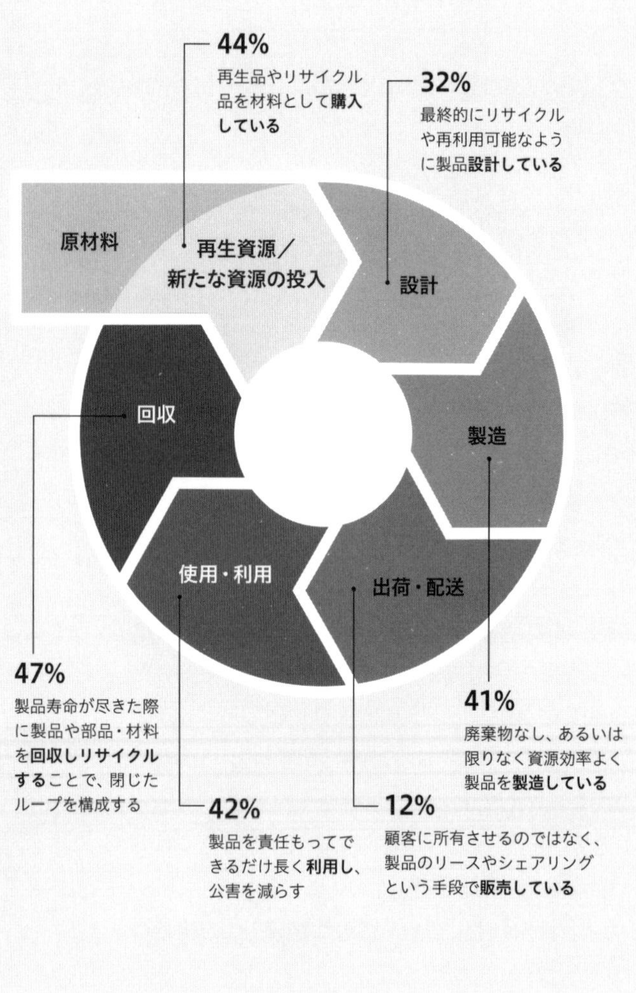

＊図内パーセンテージの数字は調査対象企業のうち、各領域の取り組みに積極的であるか、あるいは成功している割合を示す

加工・組立・販売し、顧客が消費するという「一方通行型経済」であり、資源を大量消費するだけの一方通行だと考えられる。

2012年を基にした推計では、必要量の1.6倍の地球資源を消費し、実際には使われない製品を生み出している（クルマは2%、オフィス用途では35～50%の製品が使われていない）。

そして、平均9年でそれらは廃棄される（統計には建物の平均耐用年数28年が含まれている。つまり実質的には、多くの製品は9年以下で廃棄されていることになる）。結果、その中から再生資源として回収されるのはたった5%だという。これが「一方通行型経済」の現実であり、最も重大な克服課題として認識すべきである。

カガーマン教授によると、目指すべき「循環型経済」のイメージは、ボストンコンサルティンググループ（BCG）が発表した産業バリューサイクルにある[1]。（原典：THE NEW BIG CIRCLE 2018 acatechによる加筆修正あり。日本語化は筆者）

カガーマン教授が最も重要だと考えるのは12%しか注目されていない***DISTRIBUTE***の領域である。製造業が「モノを売る」から、「リース」「シェアリング」などへビジネスモデルを変革することで循環型経済実現に近づくことが可能だとする。

逆に、最も実現が難しいと考えるのは***MONITOR***

*USE*すなわち顧客の利用実態を直接把握するところではないか、とされる。それを実現するためにドイツでは、i40に続くものとして*Smart Services / Smart Products*というコンセプトを掲げるに至った。実ユーザーの利用実態を直接知り、次の世代の製品デザイン・生産・提供などに還元する仕組みを作るということだ。

循環型経済実現にむけて

カガーマン教授は、「人類のために循環型経済を作らなければいけない」と主張。そしてi40はその実現に向けた手段である、と位置付けた。特にi40は「ものづくり」企業に向けて強調した戦略であり、それを含む次の3本柱が、デジタル経済における競争力と生活の質を両立させるために必要であり、ドイツにおける国家戦略として、これらデジタル化戦略が着実に遂行されているという。

- **インダストリー4.0**
  生産プロセスと労働環境を再考
- **スマートサービスワールド**
  ビジネスモデルとエコシステムを再考
- **自律システム**
  ソーシャル、法律、エシカル（倫理的）な関わり合いについて再考循環型経済へ移行すべき理由は単純で、「人々が生きていくにあたっての無駄を認識し、排除するために必要」というものである。一方通行型経済のままでは、今後20〜30年、**地球が住みやすい場所として存在し続けることは難しい**。我々は早急に**循環型経済に移行**し、消費されることのない無駄を排除する努力を怠ってはならない。

循環型経済実現は、デザイン・設計・調達・生産・配送・利用・廃棄／再利用など、ものづくりに関係するあらゆる関係者が知恵を出して関与していかなければならない共通課題である。

その実現のために、多数の関係者間での情報共有の仕組みが必須である。それがデジタルツインやサイバーフィジカルシステムと呼ばれる概念で、それらがi40実現にむけた主要技術であるという理解は進んでいる。

i40およびそれに続くスマートサービスワールドや自律システムのコンセプトは、「ドイツの対外競争力を高める」ためだけに策定されたものではなく、「今日世界が直面している挑戦的な課題に取り組み、解決策をもたらすことができる」戦略として策定され、循環型経済の実現手段として着実に進展している。

我々賢明であるべき大人は、循環型経済の実現に向けて、大局的な視点から、頭を使っていくべきだろう。

文：SAPジャパン インダストリー・バリュー・エンジニア **古澤 昌宏**

02

テーマは、"再生可能"。電力デマンドマネジメント

需要に合わせて整備するのではなく、需要側を制御。ソフトウェアの活用で可能となる電力利用の効率化

今、サステナブルな移動手段としての鉄道に、改めて注目が集まっている。図1に示すように、旅客輸送における単位輸送量(人キロ)あたりのCO_2排出量を、輸送手段別に比較すると、鉄道での移動は航空機の1/5程度となっている。

熟視したいSBBの動き

スイスの国土は約41万km^2と九州とほぼ同じ大きさであるが、鉄道路線の総延長は5380kmと九州の2倍に達する。スイス連邦鉄道(SBB:Schweizerische Bundesbahnen)は、そのうち3228kmを保有して、旅客および貨物の輸送を行っており、1日あたり125万人の乗客と21万トンの貨物を運んでいる。

グレタさんのFacebookページより(https://www.facebook.com/gretathunbergsweden)

鉄道の動力源としては、ディーゼルエンジンを搭載した気動車と電気モーターを利用する電車・電気機関車とに

図1　2017年度　旅客輸送量（人キロ）あたりのCO_2排出量（g-CO_2）

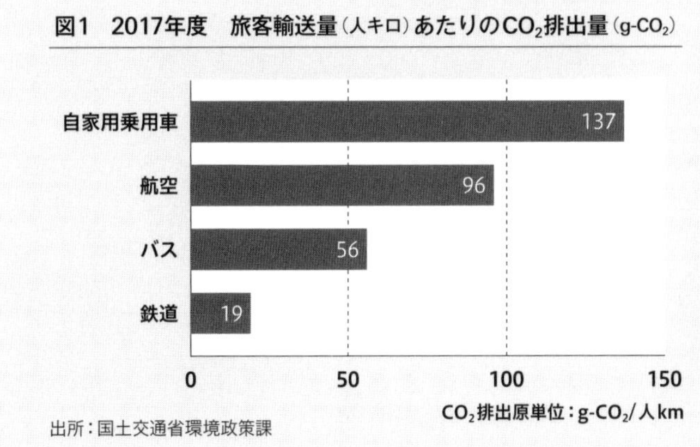

出所：国土交通省環境政策課

分けられるが、当然ながら電気モーターを使用する方がCO_2排出量は少ない。

SBBは、1930年代から列車の電化を進め、現在ではほぼすべての列車が電化されている。電力消費型産業が少ないスイスにおいて、SBBは最大の電力消費者でもあることから、エネルギー効率改善のインパクトは大きく、さらなる温室効果ガスの排出削減に取り組んでいるのだ。

SBBが消費する電力のほぼすべては、自家発電によって供給されており、かつ、その多くはスイスの山岳地帯に豊富に存在する水資源を活用した再生可能エネルギーである。すでにSBBは、使用する電力の92%を9か所の水力発電所によってまかなっているが、さらに2025年までに、再生可能エネルギー比率100%を達成することを目標にしている。

一方、SBBの旅客・貨物の輸送量は今後も右肩上が

SBBが保有する最大規模(90万KW)の揚水型水力発電所
Nant de Drance

りに増加することが見込まれており、また列車スピードアップのため電気機関車の出力増強も進んでいることに伴い、電力消費も2030年までに、現在より20〜30%増大するという。

SBBの取り組みのユニークなところは、この再生可能エネルギー比率100%という目標達成を、新規のダムや変電施設の建設といったハードな設備投資によってではなく、ソフトウェアを使った電力利用の効率化により実現しようとしている点にある。

ソフトウェアで課題を解決

スイスという寒冷な地で鉄道を運行するSBBでは、電車内の暖房はもちろん、線路の分岐器の融雪など、電力需要のピークは冬季にやってくる。加えて、SBBは列車の運行において等間隔時刻表(Regular Interval Timetable)という仕組みを採用しており、チューリッヒ発ベルン行きの列車は毎時00分と30分に出発など、ある路線の列車は主要駅を同時刻に出発する。

利用者にとってはわかりやすい仕組みであるものの、同じ時刻に動き出す列車が多くなることから、電力消費が一定時刻に集中し電力需要のピークを一時的に押し上げてしまいやすくなる。

この冬季の電力需要のピークは、1日に1分以下という短時間しか発生しないことから、SBBは、そのピークに合わせて電力供給するためのインフラを整備(ダムを新設等)するのは、投資効果の意味からも見合わないと考えた。各地域の電力会社から系統電力を購入することもオプションとしてあるが、再生可能エネルギー100%という目標達成が難しくなるほか、コスト面でも負担となってくる。

このためSBBは、電力供給を需要に合わせて整備するのではなく、電力需要(デマンド側)を制御することで、設備投資額を抑制しようと考えたのだ。

狙いはピークシェービング

SAPは、2016年よりソフトウェアを利用してスマートに電力需要を制御するSBBの取り組みを支援している。具体的には、エネルギー管理システムからSAP HANA Streaming Analyticsを利用してリアルタイムの電力需要データを収集、ストリーミングデータをオンザフライにより電力ピークを予測し、ピークロードが電力供給を超過すると予測される場合には、電車の暖房温度を自動的に下げることで電力消費を抑制する"ピークシェービング"を行う実証実験をしている。

図2　SBB電力デマンドマネジメント　全体構成

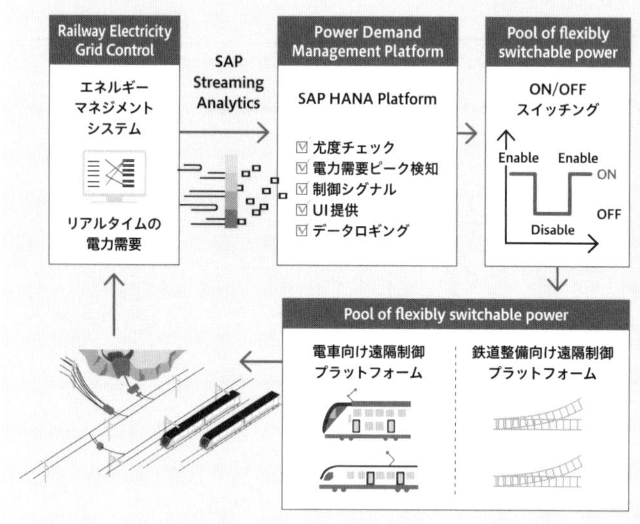

SBBでは、2022年までに4000両の列車の改修を進め、ソフトウェアによる電力デマンドマネジメントのスコープや対象設備を拡大していく予定である。そしてこの投資は、電力インフラに投資した場合に必要な金額(約100億円)の半分以下で済むものと試算する。また、SBBはSUGRail(SAP User Group Railway)の代表幹事として、他の鉄道会社とも取り組みを共有しながら、業界全体として持続可能な社会づくりに貢献していこうとしている。

このような再生可能エネルギー100%に向けた取り組みは鉄道業界で拡がりを見せており、例えばドイツ鉄道(Deutsche Bahn)は、現状57%の再生可能エネルギー比率を2038年までに100%を達成することを目指し、火力発電からの電力供給契約を洋上風力などに切り替えを進めている。

国内では、2019年10月に東急電鉄が国際イニシアティブ"RE100"に加盟、2050年を目処に事業で使用するエネルギーを再生可能エネルギー100%にすることを発表した。

水力は比較的安定しているものの、風力や太陽光といった出力変動が大きな再生可能エネルギーの利用拡大においては、SBBが展開する取り組みのような需要サイドのマネジメントが利用拡大のカギとなってくる。IoT関連デバイスや通信コストの低価格化が進んでいる現在、ソフトウェアとデータ解析による「電力デマンドのマネジメント」は、あらゆる業界で可能となっている。ここに、注目したい。

文：EYアドバイザリー・アンド・コンサルティング株式会社
アソシエートパートナー **松尾 康男**

SBBにおける持続可能な電力供給のためのスマートグリッド
https://www.youtube.com/watch?v=wTbxhhnRy5o

03

モータースポーツで進む地球環境改善への動き

ダイムラーグループのフォーミュラEへの参戦。これは、環境問題解決を視野に入れた大きな一歩である

世界中の誰もが感じている地球温暖化に伴う異常気象。ここ数年、異常気象が恒常的に発生し、深刻化が増している。地球温暖化防止には、国や企業、家庭における取り組みが不可欠だ。二酸化炭素の排出量を減らす最も大きな効果は、化石燃料の消費削減から得られることは理解するも、様々な背景から代替手段に速やかには切り替えられない難しさがある。

そんな中、ドイツ基幹産業のひとつであり、化石燃料消費とは密接な関係がある自動車産業で、今変化が起き始めていることをご存じだろうか。

メルセデスベンツのモータースポーツ部門、メルセデスEQフォーミュラEチームが遂にフォーミュラEチャンピオンシップに参戦を開始した。フォーミュラEは、排気ガスのないゼロ・エミッションの電気自動車(EV)によるスプリントレースである。フォーミュラEは、メルセデスベンツを含むダイムラーグループが中長期戦略として掲げるCASEの「E:電動化」に直結した、優先かつ重要な取り組みである。

ダイムラーグループの「E:電動化」の取り組みの要

点は次の通りである。

- バッテリーまたは燃料電池を使用した、完全に排気ガスのない運転への道を追求
- 未来は電気だと確信
- 新製品ブランドEQは、顧客指向の電動モビリティのすべてを網羅
- 再生可能エネルギー源から生産された電気をバッテリーセルの生産に使用
- 最初からカーボンニュートラルなドイツの生産拠点設立を計画
- サプライヤーの決定と契約を行う際の重要な基準としてのCO_2目標
- サプライヤーやパートナーとともに気候中立(クライメイト・ニュートラル)目標を追求

モータースポーツの変化点

自動車業界は100年に1度の大変革時代に突入している。メーカー各社は、とりわけ「電動化」「自動運転」「コネクティッド」「所有から使用・シェアリング」の4大市場ニーズに応える事業戦略を打ち出し、経営資源をそれらに集中している。

メルセデスベンツは、「乗用車」「商用車」のビジネスだけでなく、モータースポーツビジネスの分野でもその大潮流への舵取りをしたのだ。

まずガソリンエンジン車によるDTM(ドイツツーリングカー選手権)からは2018年度に撤退し、2019年度か

らはフォーミュラEへの参戦をはじめた。内燃機関よりもむしろエネルギー回生システム[2]の優劣が勝敗を左右するフォーミュラ1は、2019年度チャンピオンシップにて、6年連続コンストラクターズチャンピオンを獲得し、今後も活動を継続する。

フォーミュラEは、フォーミュラ1とは似て非なるモータースポーツである。持続可能なモビリティとして、環境に優しい電気自動車の普及を狙いとした、市街地を利用したレース、電気自動車の特徴を活かしたレース運営、支持層拡大に向けたSNS活用、ファンエンゲージメントのユニークな取り組みを提供するなど、これまでにないモータースポーツの姿といえる。

いくつか特徴をあげてみよう。

- 排気ガスの無いゼロ・エミッションな電気自動車普及促進
- レース場はリゾート地や大都市などの市街地
- 練習走行、予選、決勝を1日で開催
- フォーメーションラップを行わない
- SNSの人気投票で選ばれたドライバーだけが使えるファン・ブースト
- コースの特定ゾーンで使えるアタックモード
- 使用できるタイヤ、モーター、バッテリーパック、ギヤボックスの上限

フォーミュラEの狙いは、ダイムラーグループが目指すゼロ・エミッションや気候中立の姿と一致しており、メルセデスベンツのモータースポーツ部門がフォーミュラE参戦を決断した要因のひとつといえる。

エネルギー・環境問題を視野に

メルセデスベンツは、これまでフォーミュラ1で培い、今後も極めていくであろう、出力モーターやエネルギー回生システムをはじめとする電動化技術を、フォーミュラEという新たなモータースポーツの舞台に投入し、レース活動を通じてそれらの技術を検証、最先端テクノロジーとしてのEVを乗用車や商用車にフィードバックし、世界中のメルセデスベンツ支持層の拡大やファンエンゲージメント強化を狙っている。

もちろん、彼らの取り組みは技術＝モノの高機能化・高性能化だけにとどまらない。モータースポーツ部門としてのビジネスの成功、メルセデスEQフォーミュラEチームの魅力的な勝利するチームへの成長、EV支持層の拡大に向けた取り組みも行われている。

ここで注目したいのは、最小限の経営資源でそれぞれの目標達成・課題克服スピードの短縮と実現性向上のために、デジタルを活用した共同イノベーションを推進するビジネスパフォーマンスパートナーとしてSAPとのパートナーシップを締結したことである。

メルセデスEQフォーミュラEチームのデジタル活用は3つの要素から成り立つ。

1. ビジネスを支える屋台骨での活用

- SAP S/4HANAを活用した、膨大なデータの分析およびビジネスパフォーマンス全体の監視を支援する独自のテクノロジーソリューション開発

- フォーミュラEカーの製造に関わる部品調達、サプライヤーの評価、パフォーマンス監視までの総合的な効率化
- レース運営に関わる国境を越えた物流業務効率化

2. レーシングチームのパフォーマンス最適化

- トレーニングやチーム管理、さらには人材開発やメディカルプロセスなどのチームパフォーマンス管理のデジタル化によるチーム力強化
- メカニック、エンジニア、データアナリスト、ドライバーからの様々な生体情報の収集、分析、監視、指示

例 睡眠不足かどうかの分析、時差ぼけの判定、水分補給レベルの測定によってドライバーの微妙な健康状態の可視化

3. ファン層拡大に向けた エクスペリエンスマネージメント

- チームメンバーの日々のレース活動体験のデジタル化によるチーム力向上
- ファンの声にタイムリーに耳を傾け、関心や要望、エクスペリエンスを把握・理解し、適切なアクションによるファンエンゲージメントの深化

ダイムラーグループは、内燃機関型の自動車の供給を単にEVへ置き換えることだけでなく、自社工場はもちろんのこと、全世界に何万社とあるn次取引先まで含めた、自動車産業サプライチェーン全体での化石燃料消費型生産から転換し、再生可能エネルギーによるモノづくりへのトランスフォーメーション

まで視野に入れた中長期戦略と、具体的な実行計画を持っているといえる。

メルセデスベンツのモータースポーツ部門が、内燃機関のレース活動から撤退し、フォーミュラ1のレース活動を通じてハイブリッドカーの電動化技術の進化・革新を継続し、ゼロ・エミッションなEV普及を狙う、新たなフォーミュラEに参戦することで、ダイムラーグループの自動車産業ピラミッドは、地球規模の環境問題解決を射程に入れた大きな一歩を踏み出している。

メルセデスベンツ同様、卓越した技術力を持つ日本の自動車メーカーも、地球環境改善に貢献・牽引する会社として表彰台に立てるはずだ。

文:SAPジャパン インダストリー・バリュー・エンジニア **山﨑 秀一**

04

時代の欲求と流れを読み、新たな“意味”を創造する

循環型経済時代に必要とされる視点と意識を持ち、「モノ売り」から「コト売り」へのビジネスシフト実現を

2018年5月16日「シグニファイ」への社名変更。そして日本法人名は、2019年1月7日にシグニファイジャパン合同会社に変更される。シグニファイの2017年の売上は70億ユーロ、世界70か国に約3万2000人の従業員を擁する照明製品を扱うリーディングカンパニーである。

なぜ、「フィリップス」という広く知られたブランド名を一片も残さず、シグニファイへ社名変更したのか。それはブランドステートメントの中に込められている。

> 照明はいま、新たな言語となった。
> 人と。モノと。ビジネスと。そして社会と。
> 世の中の様々な事象とつながることで、
> 「意味を伝達する」という新たな役割を手に入れた。
> しかしそれは、進化の過程にすぎない。
> 私たちは、照明の未知なる可能性を引き出して、
> 新しいイノベーションを生み出していく。
> 100年以上にわたり、
> 照明の最前線に立ち続けてきた経験と、
> 前例に縛られない自由な発想力を頼りに。

> Signify　それは、照明に新たな意味を見出すこと。
> 照明の未来は、Signifyとともにある。
> 照明は、新たな時代へ。
> Philips Lightingは、Signifyへ。
>
> ※出典：シグニファイホームページ

シグニファイ（Signify：直訳すると「意味する」）は、「照明に新たな意味を見出す企業」と理解できる。つまり、照明から放たれる明かりに意味を持たせ、価値を伝達する企業へ変革する決意を新社名に込めたのだ。

Light as a Serviceへの進化

電球は誰もが日常で使うものだ。消費電力が少なく、寿命も長いとされるLEDは環境に優しいことで注目されるが、省エネ性能に優れているとはいえ、従来よりも値段が高いとなると二の足を踏んでしまうというのも、ユーザーの本音である。

コストの課題はあるものの、それでもシグニファイは環境にやさしいLED電球ビジネスを推し進めサステナブルな社会に変えていこうとしている[3][4]。

そこで、シグニファイが考えたのが、購入者にかけさせてしまうイニシャルコストを抑えて、**サービスとして“明かり”を売る**「Light as a Service」という発想だ。顧客が欲しいのは電球なのか？ と考えると、そうではなく、シグニファイが提供している顧客への価値は“明かり”なのではないかということに思い至ったわけだ。この考え方は、サービス売りをすることでイニシャルコストを抑えて、"明かり"を使った分だけ、つまり顧客の価値＝明かりに応じて課金を行い、購入者側の悩みを解消したといえる。会計上、資産(CAPEX)ではなく、運用費(OPEX)に変えている点も購入者側からはメリットは大きいはずだ。何よりも顧客の意識自体が所有から使用にシフトしている時代の要求に応えているといえる。事実、オランダでは33%の企業、つまり3社に1社がこの手のサービスコントラクトに興味を示しているという調査結果がある。シグニファイは**顧客の"明かり"の使用を「見せる化」**することで、顧客が明かりの使用をコントロールし、節電につなげることを可能にしたのだ。結果として、サービス利用顧客は、**約40%のコストセーブ**ができると試算した。

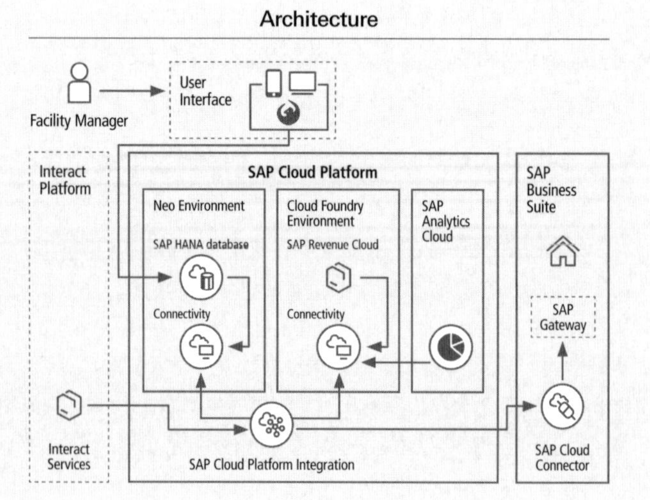

そしてLED電球を**モノ売りビジネスからサービス売りのビジネスにシフト**、つまり顧客に価値を提供するビジネスへしたことで、顧客にとってのコスト面の課題をクリアしたのだ。さらに古い電球から新しいLED電球に切り替える際、契約形態によっては回収を行い、リサイクルされる。特にガラスについては80%再利用されている。新たなビジネスは地球環境への配慮なくしては成立しない。

Light as a Serviceのシステム構成

新たなビジネス変革を支えるシステムアーキテクチャは、ハイレベルではあるが公開されている。

Light as a Serviceのアーキテクチャは、シグニファイのインタラクト経由で電球の使用状況がSAP Cloud Platformに格納され、SAP Analytics Cloudで**使用状況の見せる化**をファシリティマネージャーに行い、SAP Revenue Cloud（従量課金エンジン）と連携し“いくら課金されるか”も可視化される。そしてシグニファイの基幹システムであるSAP Business Suiteと連携することで、実際の請求につなげている。このように明かりの使用量から課金請求までシームレスにつながるシステムを実現しているのだ。

モノ売りからコト売りへのシフト

シグニファイは、これ以外にも“明かり”を売るという観点で、興味深い取り組みを行っている[5]。

家畜ビジネスの世界では、動物をストレスが少ない環境で育成することが求められるが、シグニファイ社が注目したのは、**“明かり”で動物にストレスのない環境を提供する**ことだ。

シグニファイ社のLED照明は何色にも変化させることができる仕様である。これを利用して何を売るかというと、“ストレスのない色”である。この明かりにより、よりストレスの少ない環境下で動物が生長することができるという発想で、シグニファイ社は“コト”を売っているのだ。

これらの取り組みの詳細を通じて、「モノ売り」から「コト売り」へシフトする際のポイントを挙げると、次のようになる。

1. 自社が提供している製品の価値を理解

照明器具ではなく環境にやさしい“明かり”、動物にやさしい“明かり”という価値をコトとして理解した。自社が提供している製品について、品質、価格、納期に加え、環境への配慮を含めた価値を再考する

2. 製品・機器をスマート化し、使用状況や使用量を見せる化

LED電球・照明をスマート化し、エネルギーの可視化をすることで、顧客側に省エネ、コストセーブの意識を根付かせる。つまり、自社と顧客がネットワークを通じて、双方の価値を最大化する

3. ビジネスモデルをX as a Serviceとして、顧客は製品購入ではなくサービス契約に

使用量に応じて課金・請求を行うサービスモデルを構築し、イニシャルコストの価格競争から脱却する。そして顧客との関係を短期ではなく長期にわたるエンゲージメントにシフトすることで事業サステナビリティを向上させる

環境にやさしい半面、価格面に課題のあるLED電球という製品を、シグニファイは“明かり”の意味を理解することでスマート化し、サービス契約にして乗り越えた**ビジネスモデル変革**の側面に加えて、顧客と共にエネルギー消費を抑える取り組み、ライフエンドを迎えた電球のリサイクルやリユースなど、**循環型経済の実現**に向けた側面を明らかにした。

社名変更は、一方通行型経済における成功者が、その成功を生かしつつ、新たな時代に必要な視点と意識を持ち、循環型経済においても顧客に支持される企業であろうとする決意表明ではないかと強く感じる。自社の製品の本当の価値を探り、これまでのビジネスモデルを見つめ直すところまではどの企業もやっていることだが、持続可能な社会の実現に貢献し、さらに貢献そのものが持続可能であるように考え抜かれているのがシグニファイのビジネスである。ここには、企業がビジネスモデル変革を考える際のヒントが満ちている。

文:SAPジャパン インダストリー・バリュー・エンジニア **柳浦 健一郎**

05

持続可能社会の実現を目指すスマートシティ

日本がなすべき、課題大国から課題解決先進国への進化。IoTデバイス活用や情報のデジタル化こそが切り札に

近年、「スマートシティ」の取り組みを多く目にするようになった。IoT、AI、ビッグデータ、ロボットなど最先端のテクノロジーを活用して新たな街づくりを目指すものだが、ドイツ・ハイデルベルク市の取り組みを例に、テクノロジーの視点ではなく、街づくりの目的からスマートシティの意義を考えたい。

ハイデルベルク市は、人口約14万人の、ハイデルベルク城に代表される観光で有名な街だ。今この街では、スマートかつセンシブルな都市になるというビジョンを掲げている。

ハイデルベルク市におけるスマートシティ化への変革
https://www.youtube.com/watch?v=LIUjdAiWGFI

センサーを利用したスマートなリサイクル管理システムを導入し、スマートシティ化の一歩を踏み出した。ごみコンテナにIoTセンサーを取り付け、ダッシュボードによりコンテナへのごみ投入量をリアルタイムに監視。ごみ投入量に応じて自動的にごみ収集要求が業者に連絡されるという仕組みは、非常に簡単だが画期的である。満杯になったコンテナから発される不快な臭いを減らすことはもちろん、回収不要なコンテナへのごみ収集業務を減らすことで騒音も減る。そのことが、ごみ回収業者との契約の見直しや最適化にもつながる。一般的な廃棄物収集車は、100キロメートルあたり約70リットルのディーゼル燃料を消費するといわれるが、ごみ収集が効率的に行われるということは、観光にも環境にも経済にも良いわけだ。ハイデルベルク市長のDr. Eckart Würznerの経歴を見てみると、市長就任前から環境エネルギー担当として副市長を務め、現在はハイデルベルク市にとどまらず、ヨーロッパや国際レベルで気候保護やエネルギー問題に取り組んでいる。この市長の強力なリーダーシップの下でハイデルベルク市の取り組みが進んだことは想像に難くない。

日本のごみ処理の現状

では日本のごみ処理の現状を見てみよう。環境省の調査結果によると、ごみ総排出量は5年連続減少傾向で、2017年度は4,289万トンとなり、1人1日あたりのごみ排出量は920グラムとなっている。他方でリサイクル率は横ばい傾向が続いており、2017年度は20.2%と10年前の20.3%とほとんど変化がない。

プラスチックのリサイクルを見てみよう。我が国では昔からごみの分別は行われてきており、環境意識の比較的高いヨーロッパでもプラスチックリサイクル率は30%程度にとどまっているが、日本のリサイクル率は84%と非常に高水準である。しかし実はこれにはからくりがあり、廃プラスチックのおよそ70%は焼却されており、本当の意味でリサイクルに回っているのは25%ほどになる。焼却処理されたプラスチックの熱をエネルギーとして熱回収していることから、日本ではサーマルリサイクルと呼びリサイクルの一部に位置付けているが、国際的には熱回収はリサイクルとは認められていない。

さらに厄介な問題が近年起こっている。リサイクルに回ったプラスチックの7割はこれまで中国に輸出していたが、2018年1月に、中国は海外からの廃プラスチックの輸入をストップした。経済的に豊かになり自国から出てくるプラスチックごみの管理を優先させる必要があり、さらには環境汚染や健康被害も深刻化してきたためだ。現在日本や欧米諸国は、タイやベトナムなど東南アジア諸国への廃プラスチック輸出へシフトしているが、処理能力が整っていない東南アジア諸国からは受け入れ拒否が相次いでおり、現在は日本国内に処理できない廃プラスチックが留まっている状態だ。

問題解決への2つの方向性

ハイデルベルク市の事例をベースに、日本の地方自治体当局者とディスカッションしたところ、ごみ処理について、大きく2つの方向性が考えられた。

ひとつはごみ回収の効率化だ。例えば大都市のオフィスにおけるごみの回収や清掃は外部のオフィスクリーニング業者に依頼している企業が多いが、地方ではそうもいかない。地方にはオフィスビルが立ち並んでいるわけではないので、ごみの回収効率が悪くビジネス上採算が合わないケースが多いのだ。東京にある当たり前のものが地方にはない。

例えばセンサーでごみ箱の状態がリアルタイムに可視化されれば、少ない人数で回収が効率化され、ビジネスとして成り立つ可能性がある。あるいはUber Eatsのようなイメージでアラートがあがったごみ箱に誰かがチェックインして回収にいくようなアルバイトができるかもしれない。

もうひとつの方向性は、ごみの総量を削減するという本質的な行動だ。実は日本の市区町村は、ごみの量に応じて年間何十億円もの費用をごみ焼却場に支払っている。例えばごみの量が1割減れば何億もの費用が浮くことになる。そこでごみ焼却の費用を抑えるために、リサイクルや分別をあの手この手で行っているのだ。しかしそろそろこのリサイクルや分別は頭打ちになっているので、次のステップとしてやることは、ごみそのものの量を減らす努力だ。

物を大切に使う、無駄なものやペットボトル商品を買わない、レジ袋をもらわない、過剰な包装を遠慮するなど、一人ひとりの行動や意識を変えていく必要がある。読者のあなたは一体日々自分がどれだけの量のごみを排出しているか認識しているだろうか。実はごみの量は、収集車が焼却炉にごみを持ち込んだタイミングでその重さを測っているだけらしい。家庭どころか、どの地域のごみ集積所にどれだけごみが出ているのかさえ把握できていないのだ。

ダイエットをするときに最初にすることはなんだろうか。そう、まずは現状の体重を知ることだ。現状を把握し日々の体重変化を可視化していくことがダイエットの第一歩だ。従って、ごみの量を減らすためには毎週どれだけごみが出ているのかをまず把握することが必要だ。センサーによって毎週出されるごみの量が可視化されれば、いかにごみを出し過ぎた生活をしているかを認識できるだろう。その上で、地域別やごみ集積所ごとにどれだけごみの量を減らせるか競い合ってみると面白いかもしれない。これは街や地域コミュニティの活性化にもつながるアイディアだ。

スマートシティの本質とは

日本のごみ処理の現状を見てきたが、これは日本に限らず世界共通の課題であり、SAPはスマートシティの本質は循環型経済の実現であると考えている。スマートシティの取り組みは世界中の都市で行われており、その取り組みの内容は多種多様だ。特にエネルギーの効率的な利用や自動運転を含めた交通の最適化といった都市インフラ強化の視点での取り組みが世界的には進んでいる。

IoTデバイスを活用したり市民の情報をデジタル化したりすることで、利便性が高まると同時に行政がデータに基づいてアクションできるようになり、魅力的な街づくりにつながるのだ。しかしながら利便性を追い求めることがスマートシティなのではなく、持続可能な社会を実現する街づくりこそがスマートシティの目指す姿だと、SAPは捉えている。

このごみ収集の事例は小さな取り組みかもしれないが、大きな可能性を秘めている。世界で抱える課題を日本でどうやって解決できるのか？ 今こそ、課題大国から課題解決先進国になることが、日本には求められている。

文：SAPジャパン SAP Innovation Field Fukushima所長 **吉元 宣裕**

06

プラスチックチャレンジとバリューチェーン再創造

地球規模レベルで問題となっているプラスチックごみ。「リサイクル」による正当な需要・供給システムを

プラスチックによる海洋汚染が地球規模レベルで深刻な問題となっている。WWF(世界自然保護基金)の報告によれば、「世界の海に存在するといわれるプラスチックごみは合計で1億5,000万トン。そこへ少なくとも年間800万トン(重さにして、ジャンボジェット機5万機相当)が、新たに流入している」と推定されている[6]。また、太陽光にさらされ分解する過程では、多くの温室効果ガスが生成されるため、地球温暖化の原因にもなっているということも知っておきたい。

リサイクルへの注力を

そもそもプラスチック製品を「使わない, 減らす(Reduce)」取り組みや、洗剤などの容器を「再利用(Reuse)」する取り組みがされているが、実は毎年3億トンものプラスチックが生産され、そのうちの半分は一回きりの使用(single use, つまり「使い捨て」)と推定されており、プラスチックの「リサイクル(Recycle)」にも注力しなくてはならないことは言うまでもない。

ただ、プラスチックの「リサイクル」と一口にいっても簡単なことではない。いかなる組成のプラスチックでも、まとめて溶解すれば何かに生まれ変わるというわけではもちろんない。プラスチックの種別に応じて様々なリサイクルのプロセスが必要であり、複雑な仕組みを開発したとしても品質基準に合致しないことも起こり得るであろう。東レとユニクロが、リサイクル・ダウンおよびリサイクル・ポリエステルの製品化への取り組みをスタートさせているが、そういった企業の技術革新にも期待することができる。

また、化学やアパレルの製造業はもとより、流通や小売、サービス、そして消費者も含めたバリューチェーン全体での取り組みが必須となる。

リサイクルしようとするプラスチックごみについては、国や地域の特性に応じて、その問題を様々な観点から捉える必要もあり、「市場価値が認められてすらいない」場合もある。ブラジルやインドなどでは、伝統的にゴミの収集を行う人々(street collectors)が、金属や紙、古着、絨毯などを、リサイクルのために回収・再販しているが、プラスチックについては、再販で得られる対価がないため無視されてきた。つまり、回収の対象として認識されてこなかったのだ。

そこでSAPは、世界最大規模の企業向け商取引プラットフォームであるAriba Network(企業同士が連携してビジネスを遂行できるネットワーク)を活用することで、プラスチックのリサイクルに必要となるサプライチェーンを再定義すべきと考えた。上述の例では、Plastics For Changeといった社会的意義に注力する企業と連携し、Ariba Networkへのオンボーディング、すなわち、世界最大のビジネスネットワークへ、回収・再販業者が参加することを促している。それにより、社会の陰に隠れている経済(informal waste-picker economy)を、次のプラスチック素材につなげるための正当な需要・供給システムに組み込むことができる。

プラスチックごみ削減へ

プラスチックごみ、あるいはそのリサイクル品を、然るべき価値にて交換できる仕掛けをつくり、リサイクルに向けた取り組みを促進するとともに、それらのinformal waste-picker economyの社会的な存在意義や持続可能性への貢献を、SAPとして目指していこうということである。SAPはこれらの活動も含め、プラスチックごみ削減に向けた取り組みを「プラスチックチャレンジ」と称して推進している。

さて、プラスチックやプラスチックを活用した材料・部品などを、アパレルやハイテク、自動車業界に供給している石油化学業界では、リサイクルに関する技術革新にも目覚ましいものがある。

Eastman Chemicalは炭素材の革新的な再生技術を、Americas StyrenicsやChevron Phillips Chemicalなどからなるジョイントベンチャーは、ポリスチレンをスチレンモノマーに転換する技術を、Saudi Basic Industries Corp.は、プラスチックボトルやフィルムを元の原料レベルに変換する技術を開発したり、それに投資したりしている[7]。将来的には、リサイクルした原料や素材から、いま現在生産している素材と同等の製品や、異なる用途の製品を市場に送り出す可能性もあるであろう。石油化学業界は、バリューチェーンの「再」創造に求められる要請に対し、重要な役割を担っていかなければならない(下図)。

それは循環型経済を指向し、プラスチックによる海洋汚染の解決も含め、様々な地球規模の課題克服に貢献するものであることが求められる。SAPとしては、新しいバリューチェーンの設計・実現に向けた取り組みを加速させるとともに、それを支えるデジタルテクノロジーの提供に際し、存在意義を出していきたいと考える。

文:SAPジャパン インダストリー・バリュー・エンジニア **竹川直樹**

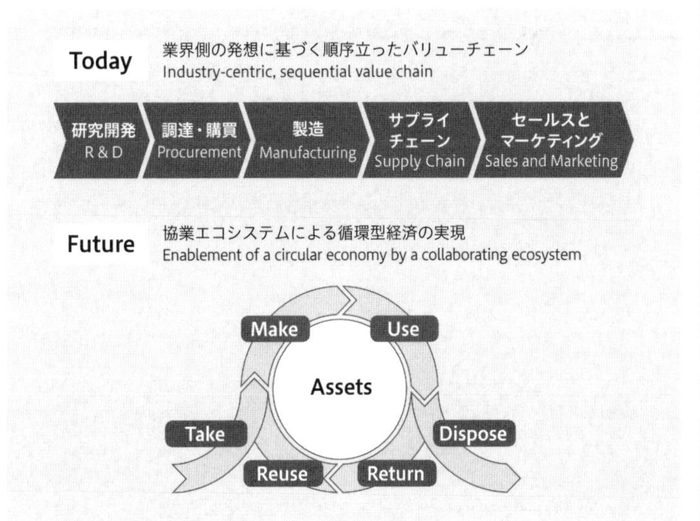

07

食品ロス削減に向けた継続的なチャレンジとは？

無駄を排除して、循環型経済を実現するために、アイディアと社会貢献への熱意を持つことが必要である

近年、大量生産・大量消費による廃棄物の増大を抑え、限られた資源を有効に活用する「循環型経済」の実現が社会的な課題になっている。

その中でも食料は、無駄にしている資源の代表といえるのではないか。

昨年日本でも、売れ残った恵方巻の大量廃棄の写真がSNSで拡散され、多くの議論を呼んだのは記憶に新しい。その後、賞味期限切れ食品を売る店が人気を博し、食品ロスを減らそうと、コンビニ各社が、消費期限が迫った弁当やおにぎりにポイント還元していくなど、ロスの削減は行政や各企業にとって継続的に対処すべき課題になっている。

世界の食料廃棄量は年間約13億トンで、人による消費のために生産された食料のおよそ1/3が廃棄されている[8]。食料が消費されずに捨てられるということは、その食料を育てるのにかかった人件費や土地代、肥料代など莫大なコストも無駄にしていることになる。また、食品廃棄を処理するのにも新たな費用が発生してくるのだ。

2030年までに一人あたりの食品廃棄物を半減させ、

サプライチェーンにおける食品の損失を減少させるという、国連の持続可能な開発目標（SDGs）[9]の目標12「持続可能な生産消費形態を確保する」の実現に向けて、各国、各社が積極的な取り組みを行っている。

ここでは、最先端のテクノロジーを使ってこの目標にチャレンジする「コープ」の取り組みを紹介したい。

スイス・コープの課題

スイス全土に2,400以上の店舗を展開し、約260万の共同組合員を擁するコープは、「廃棄ゼロ（ゼロ・ウェイスト）[10]」のビジョンを掲げ、注文や在庫に関するリアルタイムの洞察を活用するだけではなく、人工知能（AI）を活用して予測をすることでビジネスモデルを拡大している。

またコープは、すべての商品カテゴリー（60,000以上の商品）において販売促進（特売）が主導のビジネスを行っており、販促品の販売はかなり重要な事業の構成要素となっている。

しかし、この販促は、定番商品ではないことが多く、新商品や散発的な商品では適切な数量を決定することは難しく、以前はルールベースで計画数量を決定していたが、配分数量が需要に合わず過剰在庫や販売ロスになっていた。

小さな店舗には必ずしもすべての販促品が配分されるわけではないので、お客様の需要はあるのにがっかりさせることになっている。

それで機械的な配分を行った結果、コスト増や過剰在庫、販売ロスに繋がり、従業員の販促業務への信頼度も落ちたのだ。

キーは、販促計画の改善

そこでコープは、すべての店舗に向けた販促の最適な数量を自動計算して提供し、需要に応じた店舗配分をするようにした。蓄積された店舗と商品の販売実績に基づいて、需要予測した販促数量を計算し、計画数量が登録されるのだ。予測モデルは、100以上の属性を含む様々な履歴データで学習されている。

「スイスの全店舗で、販促の商品の計画を元に2,000万回の個別の配分数量の意思決定をしていることを考えると、それを800万回未満に減らすことができるだろう。これによって私たちは店舗に多くの時間を注ぐことができ、さらに無駄を減らしお客様に必要な商品を必要な店で提供することができる」と、コープのマスタデータ管理・マーケティング責任者であるハイナー・ハンサーは話す。

現在では、コープにおける450以上の販促の業務が自動化され、例外処理のみ従業員がサポートしているのだそうだ。

自動化による相乗効果

コープによると、在庫過剰にならない持続可能な施策を実施したことによって多くの無駄を減らすことができ、さらに、より新鮮な商品と最適な在庫数でお客様満足も向上したという。

スイス全土の約1000店舗において、販促計画配分数量の自動化を行い、60%以上の販促にかける時間を削減。

さらに、自己学習アルゴリズムによる予測精度が増したことによって、自動化される業務が増えた。その分、店舗での作業負荷を軽減し、接客に多くの時間を使うことができるようになったのだ。

日本企業への提言

2016年度、日本国内での食品ロスは、年間646万トンあったと推計されている。この量は、国連世界食糧計画(WFP)が、1年間に途上国などへ援助している食糧の2倍に相当する。日本は、食料自給率は先進国の中でも低く、さらに一人あたりの廃棄量が高い国である。

特にスーパーやコンビニの返品による廃棄が多く、また個人の家庭では、製造年月日で古くなったから捨てるという理由が多いとされている。そもそも日本全国には、加工食品が「多すぎる」ということがいえるかもしれない。

短い納品期限や販売期限などの「3分の1ルール」[11]を緩和したり、賞味期限の表示を年月日から年月に切り替えたりする動きは出ているものの、まだ食品ロスより機会ロスが悪とされる日本の悪しき慣習が残っているように思える。

メーカーが欠品を起こすと、コンビニやスーパーから取引停止を求められる可能性があるため、絶対に欠品しないように常に多く作らざるを得ない。店頭でも欠品しないよう、必要以上の数量を仕入れているのではないか？

小売店では顧客に豊富な商品を提供し、機会ロスを起こしたくないという強迫観念が働き、常に多めに仕入れることですべての棚を満たし、売れ残ったら廃棄するという日本人らしい姿勢が、食品廃棄につながっているといえる。

欧米などですでに広がっているフードシェアや寄付の仕組み、時間に応じて価格を下げるダイナミックプライシングが成立したとしても、本質的な解決策を考えると、突き詰めれば、環境配慮の原則である「3R（スリーアール）[12]」のうちで、最優先といえる「Reduce（廃棄物の発生抑制、ごみやロスを出さない）」を心がけることが必要である。

また、販促担当者や仕入れ担当の、「欠品したらお客様をがっかりさせてしまうかもしれない、少し多めに仕入れよう……」というような勘や経験、販売目標など、売り手の都合によって決めていたものからの脱却も大切である。

Reduceは、消費者の動向にあわせた予測に応じて自動化し、日本人の慣習をとりはらうことによって初めて実現できるのだ。最新のテクノロジー(AIや機械学習)では、人とマーチャンダイジングの関わり方を変えることはできるが、日本における小売の現状は、まだそのテクノロジーを人がつないでいる状況であると言わざるを得ない。

今のままでは、日本は住みやすい場所として存在し続けることは難しいことは誰もが薄々感じている。まずは自分が、消費に至らない無駄を排除する努力を怠らぬよう、肝に銘じたい。

循環型経済実現のためには、あらゆる関係者がアイディアと社会貢献への熱意を持ち、関与していくことが必要だ。

文:SAPジャパン インダストリー・バリュー・エンジニア **熊谷 安希子**

08

侵略的外来種被害にテクノロジーで立ち向かう

本質的で、難しい局面での社会課題の解決をテクノロジーの活用＋広いアイディアによって

多くの日本企業が経営計画に、「社会課題の解決」を経営理念やミッションとして掲げている。そもそも企業を含めた組織の存在理由は、何らかの課題解決のはずであり、社会課題を解決できない企業は淘汰されてしまう。

モノが不足していた昭和の頃の経営理念としては「水道哲学」や「豊かな社会」などが重要な社会課題であり、企業のミッションとして重要であった。しかし飽食の時代を通り越した令和にあっては、個々の企業が突っ込んだ課題を指し示して、普遍的な経営理念の下に具現化する必要がある。

いずれの企業においても、表層的に「社会課題」を扱うに留まらず、課題の本質に狙いを定めて具体的に解決を図っていくべきと考える。

パッションとアイディア

SAPの顧客でも、IoT、ビッグデータ、アナリティクス、機械学習などの新しいテクノロジーを用いて社会課題解決に挑んだ例を見るが、決してテクノロジーだけがキーとはいえない。例えば、水産会社Bumble Bee社はキハダマグロの流通に関して、漁場から家庭までのサプライチェーン全般にわたり正当な賃金を確保しつつ、食材の安全性に対しても信頼性を確保するために、フェアトレード認証の実現を目指した。広範な認証制度を支える基盤として、ブロックチェーンソリューションを選択している[13]。

この事例からは、課題の本質を探し当て、世界をよくするという強い信念「パッション」と、ともすれば扱いにくいテクノロジーを活用する柔軟な発想「アイディア」を感じる。今まさに日本企業に求められるのは、このような強さであろう。

ドイツの侵略的外来種被害

現代は人が行き来することで作為的・不作為的に様々な生物が本来と異なる地域に展開することがあり、昨今の経済のグローバル化によってさらにそれが加速化している。そして、外来種の一部が侵略的外来種となって被害をもたらすことがある。

ドイツの野原で猛威を振るうジャイアントホグウィード(和名:バイカルハナウド)という外来生物は、古くは19世紀に観賞用として中央アジアから輸入され、写真のような存在感のある花を咲かせるが、樹液に光毒性がある。樹液に触れた後、太陽光や紫外線によっ

て入院が必要になるほどの皮膚炎を引き起こす怖い植物である。この植物は、外来種としてドイツのあらゆる野原、耕作地、あるいは都市の公園などに繁殖しつつあるため、長い間社会的な脅威であった。

このジャイアントホグウィードは、見た目にそれほど特徴のある草でもないため、ドイツ政府および自治体にとって、駆除のための個体の発見は到底手に負えず、それ故、放置されてきた課題だった。

社会課題解決に向けた挑戦

この植物の駆除にドイツのテクノロジー企業itelligence社が乗り出した。

itelligenceは1989年設立のドイツのSAPコンサルティング会社であり、EU圏内の中堅企業向けのERP導入などで実績のある会社である。2006年に日本のNTTグループに参加し、現在では100%子会社となった、ドイツにおいても珍しいポジションのIT企業である。現在は、従来のERPインテグレーションから事業を広げ、IoT・Analyticsなど様々な分野にも積極的に進出している。

野原、耕作地などに散らばって繁殖するジャイアントホグウィードを見つけるのは難題であった。携帯電話の電波も通じていない山林などで、特定の植物を探して回るには自立的に飛行し、広い範囲を探索できる業務用のドローンが必要であった。このため、itelligenceは、親会社NTTデータの本社がある日本の

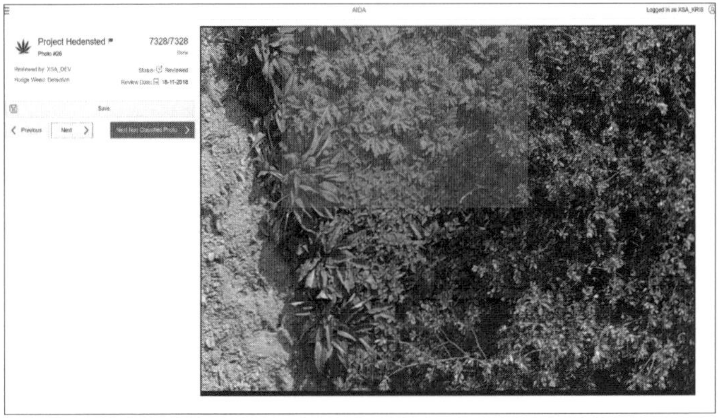

ProDrone社とプロジェクトを組んだ。このドローンを用いドイツの広大な野原を5メートル四方に切り分け、15フィートの高さからドローンによって草木の様子を撮影することとした。

上記がドローンによって取り込まれた画像データである。この画像情報をSAP HANAとHadoopなどによって構築されたitelligenceの画像解析環境に取り込み、ジャイアントホグウィードの枝葉などの画像と付き合わせて発見するアルゴリズムの開発を行った。しかし、元々野趣豊かな山野から特定の植物を見つけるのは人間でも至難の業。このAIプロジェクトも一筋縄ではいかない技術開発となったが、結果的に下記のようなステップを踏み、機械学習によってアルゴリズムの精度を高めていくことができた。

「イメージの取得」→「マニュアルでラベリング」→「機械学習」→「モデルのバリデーション」→「データの処理を行っての分析・可視化」

これによりitelligenceは、1万4000平方キロメートルという広大な野原から、現存するジャイアントホグウィードの幼木に至るまでの個体を発見することができるようになった。この功績でitelligenceは2019年のSAP Innovation Awardを受賞している[14]。

継続的な社会貢献に向けて必要なこと

冒頭で社会課題の解決にはアイディアとパッションが必要だと述べたが、itelligenceは見事に最初のハードルを乗り越え、ドイツ国内での有害植物駆除への第一歩を築いた。しかし、これを同様の被害の可能性があるフランス、オーストリア、さらに全欧に展開していくためには、誰もが望む社会課題の解決とはいえ、相応の資金が必要であり、マネタイズのスキームを組み立て、その事業を継続的に運営するための原資を確保し、事業化することが不可欠である。

本質的で、難しい局面での社会課題の解決こそ、これからの企業が成長するキーといえる。テクノロジーの活用だけにとどまらないマネタイズまで含めた視野の広いアイディアが重要である。広範な分野における、様々な経験をもった人々が集まっているダイバーシティーのある環境が威力を発揮するところといえよう。多様性を重視するドイツにあって、itelligenceがこのような実績を作ることができたのは、NTTグループに加わるという、ドイツにおける多様化を経験したことも一因かもしれない。

一方、日本企業の国内の状況を顧みると、伝統的に終身雇用の社員が中心。未だに年功序列の慣習が主流で、女性管理職の割合も高くはない。日本ではいまだに「外国人が増えること」=「働き手が増える」と示唆する記事が多く見受けられ、ダイバーシティーに対する意識が高いとは言いがたい。日本企業が単体で、広い視野から大きなビジョンをもって本質的な課題を発見し、グローバルに通用するような解決策を導出するのは、なかなか難しいのかもしれない。

最近、様々な企業がコラボレーションやパートナリングを求めるのは、自社の視点だけでなく、ダイバーシティーの代用として外部の意見を取り入れるための取り組みだろう。SAPは、多様な国々でのこのような事例からヒントを得て、顧客企業とともに課題を発見・解決する方策に対し、日々パッションをもって取り組んでいる。これからも日本企業にとっての新しい視座を提供したい。

文:SAPジャパン インダストリー・バリュー・エンジニア **久松 正和**

第 2 章

トップランナーは業界を超えて

Prologue

SAPは各業界トップランナーである顧客のビジネスパートナーとして、顧客とともに業界標準の業務プロセスの設計を行い、その企業内での導入・定着化を支援、それを業界全体の模範として、マーケティングイベントや業界カンファレンス等で共同発表する。そして顧客のプロジェクトリーダーは有識者として新たなキャリアを歩む……。

トップランナーとは決して大企業を指すのではない。ドライブの難易度が高い巨大組織の変革を成し遂げたことを、フォロワーが価値とみなすのだ。

かつて企業は基幹業務パッケージの導入目的として、「業務プロセスの標準化によるコスト削減や収益向上」を挙げることが多かった。既にその段階を達成したトップランナーたちは、業界全体、企業を取り巻く顧客や従業員にまで視野を広げ、最先端テクノロジーを取り入れて新たなステージ自体を築こうとしている。

今やテクノロジーを抜きにした成長はない。そして、AIばかりが最先端テクノロジーではない。例えばクラウドのスケーラビリティー。業務システムがクラウドであることが、ITが企業の成長の足かせになることを脱した。つまりビジネス拡大自体が"効率化"し、さまざまな垣根を越えて標準化が進むのである。テクノロジーがトップランナーのビジョンと戦略を世界規模で浸透させていく。他業界にもインスピレーションを与える。

01

ビジネスプロセスにおける「競争優位の源泉」

特定企業での「標準化」という枠を超えて、業界全体が動き、進める「標準化」が意味するもの

SAPが生業のひとつとする企業向けパッケージソフトウェアは、一般論としては、**ビジネスプロセスの「標準化」**を促進するものであるとされている。

そしてその「標準化」に伴い、多様な企業内プロセスの「整流化／統合」であったり、「簡素化（シンプル化）」であったり、さらには、それによる企業活動全体の「効率性（efficiency）」や様々な場面で発生する意思決定の「有効性（effectiveness）」を高めることに貢献しようというものである。

そして、これから数年の間に、企業向けパッケージソフトウェアは、さらなる変貌を遂げていくことになるであろう。近年の**クラウドコンピューティング**の劇的な進歩は、その「標準化」の範囲について、再定義することを要求してきているように思える。

すなわち、**ある特定の企業における「標準化」という枠を超えて、業界全体として「標準化」を推し進めよう**ではないか、という機運が次第に高まってきている。ここでは一例として、SAPが石油業界を代表する「シェル（ロイヤル・ダッチ・シェル）」と進めている取り組みについて触れたい。

「業界標準」を目指して

石油業界スーパーメジャーのひとつであるシェルは、SAPにとって古くからのパートナー企業のひとつであり、かれこれ40年来の取引がある企業である。そのシェルが、石油・ガス業界のいくつかのSAPユーザー企業・パートナー企業とともに、とある**業界コンソーシアムをリード**している。キーワードはもちろん「標準化」。そこでは、ある意味標準化推進団体として、ビジネスプロセスの「標準化」、**IT視点の表現を使えば「パブリッククラウド化(≒完全なる既製服の着用)」を通した業界共通の「標準」の実現**に向けて取り組んでいる。誤解のないように補足すると、あくまで「市場の競争原理を阻害することなく利益をもたらすことが期待される」ビジネスプロセスが対象となっている。すなわち、この大きな『うねり』は、**競争優位性には大きく関連しないと捉えられているビジネスプロセスを対象**とし、「自社プロセス」という範囲ではなく、より広く業界全体として「標準」をつくっていこう、とするものである。

「標準化」の先にあるもの

SAPシステムを導入する際、ビジネスプロセスの「標準化」とは、自社プロセスをERPパッケージなどの「標準(=既製服)に合わせる」こととして捉える向きも多いと思われる*。

ERPパッケージの導入プロジェクトを振り返ってみると、「競争優位に貢献するプロセス」は、場合によっては「カスタマイズ（ソフトウェアを適切に動作させるためのパラメータの追加設定）」や「アドオン（ソフトウェアプログラムの追加開発）」をしてでも自社固有のプロセスを実装し、そうではない「汎用的なプロセス」はパッケージに合わせて標準化せよ、という方針が出されていた時代もあった。

日本から外に目を向け、グローバル企業の動向を見ると、シェルのみならず、また、石油・ガス業界のみならず、より広い範囲で「標準化」や「簡素化（シンプル化）」を目指すのが大きな『うねり』となっている。

すなわち、ERPがカバーしていたいわゆる「記録系」のプロセス、例えば、「受注から入金まで（Order to Cash）」「発注から支払まで（Procure to Pay）」「計画から製造まで（Plan to Produce）」に代表されるロジスティクスプロセスや、バックオフィス、とくに、経理や財務のプロセス（Record to Report）は、徹底的に「標準化」することで業務の簡素化（シンプル化）を指向することが大きなトレンドとなっている。

そして、**競争優位性は、それら「記録系」のプロセスの「外側」で実現される**もの、という考え方が主流となりつつあるのが見てとれる。つまり、従来よりは広い意味での「バックエンド」に競争優位性というものは存在せず、**デジタル化で新しく定義されつつある「フロントエンド」でお互い存分に戦っていきましょう**、という考え方である。

シェルとのビジョンとは?

少しだけその方向性を見ていく。まずは、向こう10年以内に、ビジネスプロセスの多くが、つまり**80%は「業界標準(Market Standard)」**が提供され、**残り20%が「各企業それぞれのソリューション(Custom Solution)」**を実装していくであろうというビジョンが示されている。[下図]

インテリジェント・エンタープライズ ── 将来に向けたビジョン

"イノベーションを生み出すためのシンプル化/標準化"

TODAY	FUTURE STATE〜10 years
複雑でサイロ化された多くのカスタマイズITソリューションとプロセス	シンプル化された業界標準(Market Standard)ITソリューションとプロセス

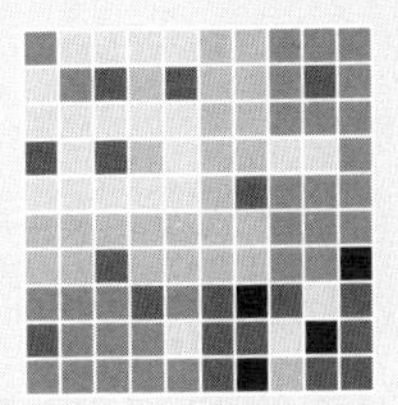

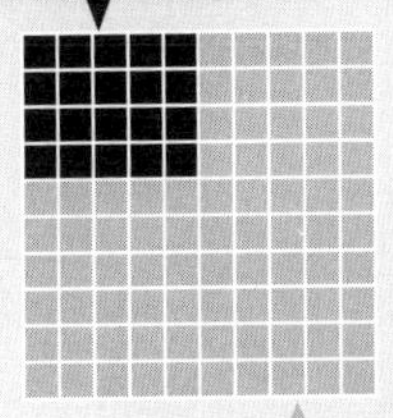

TODAY:
- 維持し続けるには高価
- イノベーションを迅速に取り込めない
- あまりにも多くの異質なアプリケーション

FUTURE STATE:
- 20%の差別化領域から生み出されるイノベーションにフォーカス

そして現時点では、「パブリッククラウド化(≒完全なる既製服の着用)」の対象として、例えば、石油・ガス業界でいえば、「アップストリーム(油田開発等)」におけるジョイント・ベンチャー・アカウンティングや、油田採掘事業などの独立したエンティティは、「業界標準」によりサポートされるべきシナリオとして例示されている。

逆に、「ダウンストリーム(原油流通〜石油精製・流通)」におけるプロセスは、現時点ではまだ「業界標準」に向けては、さらなる時間が必要とされている(が、いずれ業界として「標準化」される範囲として捉えられていることにも注目しておきたい)。

シェルがリードするこの業界コンソーシアムについて、SAPの年間を通した最大のグローバルイベントであるSAPPHIRE NOW(2019年5月開催)にて、取り組みの概要と方向性について触れる機会があった。その中で、シェルのグループCIOであるJay Crotts氏は、以下のように述べている。

> 「今までと異なるアプローチで進めている。すなわち、石油・ガス業界のSAP S/4HANA(注:最新版ERPパッケージソフトウェアの製品名)コンソーシアムには、パートナー各社さらには競合する各社からも参画を得て活動を推進している。我々は「フロントエンド」では激しい競争を行っているのは確かだ。一方で、主には、設備資産管理や調達・購買、経理を含めたバック

オフィスの効率性の向上については、業界全体として協働し、どういった効率化の余地があるかを検討するのも重要なことである。それはまた、我々シェルのみならず競合各社のエンジニアの活用・流動性の向上にも資すると考えている。
もっとも重要なことはもちろん、お客様を中心に考えることである(Customer Centricity)。私どもとしては、着実に効率性を求める箇所と、一方で、いかにしてお客様にベストな価値をお届けすることができるか、それらを突き詰めて考えて行きたい」

少し唐突なのは承知の上で、「労働者不足」や「働き方改革」にも踏み込んでいける新しい視座を提供している、と捉えることもできるのではなかろうか。

すなわち、業界全体を通して、「標準化」されたプロセスにより、経理業務や設備保全業務、あるいはITの保守運用において、「不足」する人材の流動性を高めつつも、必要な業務品質を担保し得る「働き方」を目指せるかもしれない。重要なのは、デジタル化やテクノロジーの進展に伴い、**「競争優位の源泉」について、これまでとは違った捉え方をし始めている**業界プレーヤーが多数いるということである。

文:SAPジャパン インダストリー・バリュー・エンジニア **竹川 直樹**

＊ なお、SAPのERPパッケージ(SAP S/4HANA)の場合、実際は多様な「パラメータ」の設定により多様なビジネスプロセスをサポートし得るが、それについての詳述は本稿の対象外とさせていただいた。

02

非デジタルネイティブのクラウド化への挑戦

「コンバージェンス」と「デジタルディスラプション」。これにより、必要業務を従来比5倍速度で実行する

SAPは、年に2回、公益事業に特化したイベントを開催している。毎年春にはヨーロッパ、秋にはアメリカでお客様の事例紹介を中心に約30のセッションが行われる。一企業が主催する公益事業に特化したイベントとしては世界最大規模であり、世界各国から公益事業に関わる企業、パートナー企業が参加している。2019年4月には、ミラノでSAP International Utilities Conferenceが開催され、イベントの開催地でもある、イタリアの大手エネルギー事業会社「エネル」のデジタルトランスフォーメーションの事例が未来を予感させた。

エネルはイタリアの国営電力会社であったが、電力自由化に伴い民営化され、現在では、欧州他国、北米、中南米、ロシアなどへもグローバル展開する世界最大級のエネルギー会社である。イタリア国内で3,000万、グローバルでは合計6,000万の顧客を持っている。日本全体での電力会社の顧客数合計が約8,500万である。この比較からも、エネルが超巨大規模企業であるということがわかる。

彼らは2016年にデジタルトランスフォーメーショ

ン計画を策定している。それは、54億ユーロのIT投資により、2019年から2021年の間に25億ユーロのリターンを予測するというアグレッシブなものであった。そもそもなぜ、彼らはデジタルトランスフォーメーションに舵を切ったのだろうか。そして公益事業のデジタル化とはどういったことなのだろうか。

非デジタルネイティブの挑戦

17年11月のBloomberg New Energy Financeは、公益事業がメディア、銀行・保険、小売などにくらべてデジタル化が遅いインダストリーであると分析している。エネルは自身の属する公益事業をNon-digital native sector/非デジタルネイティブ事業者と位置づけ、そこからデジタル化への挑戦を始めたのだ。

エネルギー市場は大きく変化すると予測されている。世界の電力需要は電気自動車の普及も進み増加傾向にある。世界的にも世論は原子力発電を歓迎していない。またCO_2削減のために化石燃料を使う火力発電も敬遠されている。

環境を守りながらも電源を確保するために風力や太陽光発電の拡大は必須であるが、蓄電池の技術向上によりこれら再生可能エネルギーへの移行は加速している。

スマートメーターの普及により、電力需要の詳細な情報が取れるようになり、この情報を基に、ピークシフト、デマンドレスポンスが進み、高効率な電力供給が可能になるであろう。大規模な設備を持った大容量発電の市場取引から、小規模発電によるグリッドでのP2Pが可能な時代はもうすでに到来している。また消費者も電力会社から電気を買って使う立場から、電力を作って使って売るプロシューマーに変化しつつある。

エネルギー・環境問題に対して公益事業の担う役割は大きく、そして重要である。このような市場変化の中、エネルは5年後のデジタル化の世界と20年後のデジタル化の世界を、次のように予測した。

- 分散型電源の増加から、デマンドレスポンスの最適化を備えたインテリジェント分散電源へ
- ビッグデータベースの設備管理戦略、集中リモートメンテナンスからビッグデータ、アジャイル分析、スーパーコンピューティングを統合したデータドリブン型設備管理へ
- リアルタイムのネットワークバランシング、プロセスの自動化およびデジタル化から双方向連携と離島の統合も可能にする柔軟なスマートグリッドへ
- 顧客予測分析を備えたマルチチャネル統合顧客プラットフォームから、パーソナライズされたサービスを備えた信頼できる「エネルギーアドバイザー」としての公益事業者へ
- スマートホーム製品とエネルギー管理サービスの提供の増加から、多種多様な顧客に向けた、多種多様なスマート製品およびサービスの提供と顧客とのパートナーシップへ

つまり、作って届けるためのデジタル化と電力消費とサービス、いわば、顧客に提供するモノとコトのデジタル化の2つといえる。これらの予測に沿って、エネルのデジタルトランスフォーメーションは、2つのフェーズに分けて実行された。

最初のフェーズは、「コンバージェンス」である。グローバル展開するエネルでは、数多くの業務プロセスがあり、国ごとに個別最適のアプリケーションが使われていたが、これを整理し、プロセスの均質化とアプリケーションの合理化を図ったアプリケーションマップを作成。今後のビジネスの拡大も見据えて、拡張性も重視した。

次のフェーズは、「デジタルディスラプション」。ここでは、指数関数的成長、顧客体験、プラットフォームベースのビジネスモデルの3点を意識して、今までのやり方に固執しない、デジタル化について実証実験をしつつ検討した。

エネルによるいくつかの取り組みの中でも、特にGlobal Billing Systemが、今後日本の公益企業が目指すべき「大量データ処理」の参考になる。

Global Billing Systemのクラウド化

Billing Systemとはメーターの検針値を基に個々の顧客が契約している料金メニューから電力使用料金を計算し、個々の顧客に請求書を発行する小売料金計算システム、メーターの検針値を基に、個々の顧客の電線の使用料を計算したものを積み上げ、小売事業者へ請求する託送料金計算システムのことを指す。

エネルは、「コンバージェンス」のフェーズにて、グループ全体として標準化された最新テクノロジーを持つ同一製品、同一アーキテクチャ、同一テンプレートを使うこととした。

既に多くの国でSAP IS-U（公共公益企業向け）料金計算ソリューションを導入していたが、「デジタルディスラプション」のフェーズで、この仕組みを共通プラットフォームとして位置付け、さらに大きなデジタルディスラプションとして、これらをオンプレミスからクラウドへ移行することにしたのだ。大きな決断であったが、今後ますます増えていくことが予想される顧客数に対応するためにはクラウドで運用するほうが、コスト効果があること、イタリアの規制として、一時間に100万件以上の請求書印刷の処理能力が必要であり、それを満たすためには、システム環境ごとにSAPに任せた方がリスクは少ないことなど、メリットが大きかった。そしてSAP HANA Enterprise Cloudの上で、SAP IS-UによるBilling Systemを構築した。

現在はイタリア国内の3200万件の料金計算をクラウド上で実現しており、世界最大のクラウド料金計算システムとなっている。処理時間も1時間で150万件を実現している。これは従来の5倍程度の速さで請求書を発行するものであり、当初の目標をクリアした。また、この大規模なシステム開発プロジェクトを1年半で実行したのだ。

検討から実践へ

先にエネルが述べていたように、公益事業は歴史の長いインダストリーであるが、非デジタルネイティブ事業でもあり、日本のみならず、世界の公益企業もクラウドをフル活用するということにはまだまだ消極的である。特に料金計算のような、顧客情報やメータデータを管理するシステムやスケールの大きいシステムについてはなおさらだ。しかしエネルは一番多くのデータ量を持っている小売料金計算と託送計算でクラウド化を選択し、それを実現した。

エネルのゴールはEverything "as a Service"。すべてをクラウド化しビジネスを加速、そして拡大させることだという。自由化が進み、近い将来には国境も越えた競争市場がやってくる。エネルのような攻めのIT戦略を持つ企業にどのように勝っていくのか、**検討から実践へシフトする時**がきたのではないだろうか。

執筆:SAPジャパン インダストリー・バリュー・エンジニア **田積 まどか**

03

“NHL”が編み出したリアルタイムデータ新活用

スピードが求められるスポーツがアイスホッケー。最新のテクノロジーで新たな価値が生まれてくる

ナショナルホッケーリーグ(National Hockey League：NHL)は、北米のプロアイスホッケーリーグであり、世界のアイスホッケー界において最高峰に位置づけられている。また北米においては、アメリカンフットボールのNFL、バスケットボールのNBA、野球のMLBと並んで、4大プロスポーツリーグのひとつに数えられている。

NHLとSAPは、2015年2月、テクノロジーを通じた共同イノベーションの取り組みとして、ファン向けに過去すべてのスタッツデータをSAP HANA Enterprise

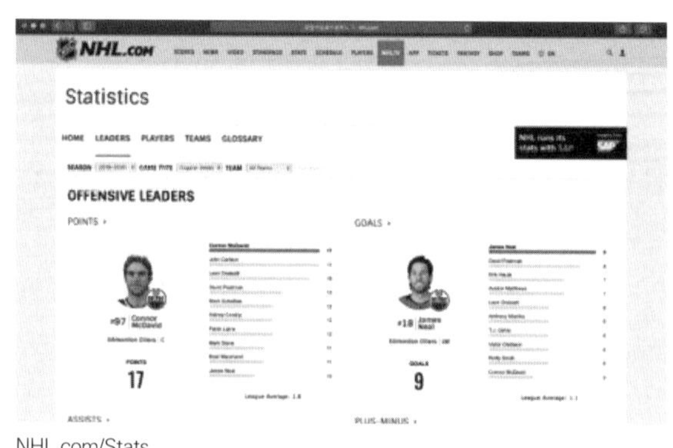

NHL.com/Stats
http://www.nhl.com/stats/

Cloudサービスを用いて提供するという複数年のパートナーシップ契約を締結。これにより世界中のファンやメディアは、自由に公式のリーグ、チーム、および選手のスタッツにアクセスし分析ができるようになった。

現状とNHLの新しい取り組み

スポーツにおけるデータ活用は、ここ数年で非常に大きな進化と拡大を遂げてきた。しかし競技によっては、試合中にパソコンやタブレット等の電子機器の競技場への持ち込みが制限されていたり、持ち込みが許可されていたとしても取得したデータのリアルタイムでのデータ活用が制限されている。

女子テニス協会(WTA)が、2014年にオンコートコーチングを許可した際に、あわせてタブレットによるリアルタイムなデータ活用を許可したことや、2018年のサッカーワールドカップ ロシア大会において、国際サッカー連盟(FIFA)が2台のタブレットを各チームに配布し、FIFAが提供する電子パフォーマンス&トラッキングシステム(Electronic Performance and Tracking Systems:EPTS)が提供するスタッツを見ることの許可をしたことは大きな反響を呼んだ。

このようなスポーツ界のデータ活用における様々な改革の中で、NHLもまたリーグ改革の一環として様々なIT活用を進めてきた。

2019年1月25日、NHLのギャリー・ベットマン コミッショナーは、カリフォルニア州サンノゼのSAP

Centerで開催されたオールスターゲームにあわせて開催された“NHL & SAP Innovation Spotlight”講演の中で、NHLにおけるテクノロジーロードマップについて講演を行った。NHLはSAPとAppleとのパートナーシップを拡大し、オールスターゲーム終了後の試合から、すべてのチームに対してiPad Proを提供し、**試合中に必要とされる数多くのスタッツを“NHL Coaching Insights App”を通じて、リアルタイムに提供**することを発表した。

記者発表の動画は見ることができる
NHL Coaching Insights App
https://www.facebook.com/SAPSports/videos/646266675828294/?t=469

アイスホッケーは非常にスピード感に溢れた競技で、選手は氷上を時速約50kmでパックを追いかけ、パックのスピードは時速200kmにもなる。他の競技において、これほどのスピード感で行われるものはほとんどない。

さらにNHLでは、**ピリオド間にある2回のインターミッション（いわゆる休憩）を除き、プレーの中断がほとんどないのである。**試合はもの凄い速さで進んでいく。しかしながら、その中でアシスタントコーチがロッカールームに急いで戻り、試合のスタッツシートを印刷するという信じ

られないことを行っていたのだ。

コーチやゼネラルマネージャーたちは、このような煩わしさから解放され、デジタルを活用し、さらにリアルタイムでの試合のスタッツの分析と選手のプレーデータを使用できるようにしたいという要望を持っていた。チームからのリクエストを元に、NHL・SAP・Appleのコラボレーションにより"NHL Coaching Insights App"が開発された。アプリケーションの開発に際して、NHLはSAPとのパートナーシップの下で、すでに過去のスタッツデータを保持していたために、追加で必要となるリアルタイムに行われている試合のデータをSAP Cloud Platform上のSAP HANAに流すことでデータの一元管理を行うことができるようになった。

また非常に速い試合展開の中で、データを確認し、意思決定を下すためには、コーチが利用するUI/UXも非常に大切となる。そのために**ユーザーであるコーチと共にデザインワークショップを行い、そこから得た数多くのフィードバックを元にプロトタイプの構築→フィードバックのプロセスを回すことで、アプリケーションの品質を高めていった。**なおモバイルアプリケーションの開発には、"SAP Cloud Platform SDK for iOS"を用いている。

NHL Coaching Insights App

NHL、SAP、およびAppleは、開発を進めていく中で、

NHL各チームのコーチたちと協力しながら、コーチが試合中に様々な意思決定をする際に必要となるデータには、どのようなものがあるのかというヒアリングを行った。

NHLは最終的に、コーチがリクエストしていた内容に基づいて60種類の異なるスタッツを提供することとした。これは他の競技、他のリーグでは利用することができないリアルタイムの情報提供である。そこには、フェイスオフのゾーンごとでの勝敗数や勝敗率、各選手のプレー時間、プレーの種類、パワープレー時、キルプレー時の状況データなどがあり、それらのドリルダウンも可能にした。

そしてショットに関しては、ショットの場所や時間、そのショットがブロックされたのかどうか、フォアハンドショットなのかバックハンドショットなのか、シュートアウトの成功率はどうかなどが確認できるようになっており、チームやコーチが重要視する項目を優先的に表示できるようにカスタマイズも可能となっている。

例えばプレー時間の表示では、コーチがプレーヤーごとに設定できる「しきい値」があり、そのしきい値は、あるゲームでプレーする予定時間となっている。プレーヤーが予定時間を超えると、グラフィックが赤に変わり、コーチはすぐにプレーヤーが予定プレー時間を過ぎたことを確認することができるのである。

今後の展開

このアプリケーションは最終的には、リーグでテストを行っているパックおよび選手のトラッキングテクノロジーと統合される予定となっている。現在の“NHL Coaching Insights App”用のデータは、NHLの担当者により手動で入力されているが、NHLがテストを行っているトラッキングテクノロジーでは、パックおよびプレーヤーの肩パッドに埋め込まれたRFIDチップから、1秒あたり180レコードが送信されるようになり、このデータを活用することで、分析の幅が拡大する可能性がある。

NHLは、“NHL Coaching Insights App”とそのすべての情報をチームに提供することが、チーム間のバランスを維持するのに役立つと考えており、実際、NHLに所属している31チームすべてが“NHL Coaching Insights App”を利用している。

これによりリーグが活性化し、より試合が面白くなることで、リーグ全体の価値向上に繋がるとNHLは考えているのである。数あるスポーツの中でもアイスホッケーほどスピードが求められるものは他にないだろう。しかし、最新のテクノロジーを使うことで、やろうと思えばここまでできるということが何よりもわかりやすい例である。既にそれをヒントにして、様々な業界、組織、領域で新たな価値創造が始まっている。プロスポーツから学べることは無限である。

文：SAPジャパン エンタープライズ・アーキテクト **佐宗 龍**

04

待ったなしの会社がIT改革に必要なものは？

短期間で、基幹システムの構築を含む全社改革を進める。ここには、取り組むための危機感と覚悟が求められる

「2025年の崖」とは、2018年に経済産業省が発表した「DXレポート」にて述べられた日本企業の基幹系システムの危機的状況を端的に表した言葉である。

多くの経営者は、将来の成長、競争力強化のためにデジタルトランスフォーメーションの必要性をある程度理解している。しかし、過剰なカスタマイズにより複雑化・ブラックボックス化し、部分最適に構築された既存システムそのものが改革の阻害要因となっており、この問題を克服しなければ改革の実現どころか、2025年以降多大な経済損失をもたらすというものである。この問題を解決していくためにはシステムの見直しだけではなく、経営改革そのものとして全社業務自体の見直しも求められる。現場サイドの抵抗もある中、いかにスピーディに改革を実行するかが日本企業にとって大きなチャレンジとなっている。

リーディングカンパニーへの挑戦

2015年に、「ヒューレット・パッカード社」が、PCおよびプリンティング事業に特化する「ヒューレット・

パッカード社」と、サーバーやストレージといったインフラ製品・サービスを主軸とする企業向け製品やソリューションを提供する「ヒューレット・パッカード・エンタープライズ」社(以下HPE社)に分社化すると発表したニュースは、大きな話題となった。急速にコモディティ化していたPC事業やプリンティング事業を切り離し、自社が強みを持つインフラ製品やサービス、またそのクラウドサービス提供で、企業向けビジネスに深みと高付加価値をもたらす差別化戦略を図り、この業界でのリーディングカンパニーになるというのがHPE社のビジョンであった。

「New Style of Business powered by IT」をスローガンに、企業のビジネス変革をサポートすることに主軸を置いたHPE社は、1年後にはエンタープライズサービス事業やソフトウェア事業の分離で自社事業の集中と選択を推し進めていきつつ、クラウド型ビジネスへのシフトや顧客に対する包括的な製品・サービス提供といったビジネスモデルの変化への対応や自社のコスト構造改革にスピーディに取り組んでいった。

しかし、これらの改革に大きな障壁として立ち塞がったのが、現行システムであった。10のERPシステムおよび周辺を含めると約900のビジネスアプリケーション、8個のマスターデータソースなどツギハギだらけの分散型システムが、ITコストへの負のインパクトだけでなく、ツギハギを埋めるための業務負荷の増大によって、業務コストにも負のインパクトをもたらしていたのである。結果として新たなビジネスモデルへのシステム対応も困難であり、早急に抜本的な改革を推し進める必要があった。

キーワードは、スピードとシンプル化

分社1年後の決算にて前年比売上4%減となったHPE社は、市場での成功評価を得るためにも、翌年度以降早急に結果を出さなければならなかった。

そのようなまさに崖っぷち状態の2017年、HPE社はベイカーヒューズ（米石油サービス大手。現在はGE社傘下）の元CIOを、全社IT改革（Next Gen IT program）の旗手としてCIOに招き入れた。

欧米企業ではCIO職の流動が比較的激しく、経営に直結するKPIに基づき自身の職務が評価されることがほとんどだ。HPE社の新CIOも同様で、社長直轄で約300億円のコスト削減施策につながるIT改革を託された。この改革にあたっては、「スピード」と「シンプル化」が徹底して追求されることになった。

■ **シンプル化のためのルール**

- 10あった旧ERPシステムを1つに統合 ➡ SAP S/4HANAを 新たなデジタルコア（基幹）システムとする
- 複雑なビジネスプロセスを徹底して標準化、シンプル化 ➡ 1000あったビジネスプロセスを100に集約
- 自社の競争優位性に関わるもののみを対象とし、不要な追加開発を極小化 ➡ 結果的に追加

開発を10%以下の水準に抑制

■ **短期間で導入するための工夫**

- SAP S/4HANAで事前定義されているグローバル業界ベストプラクティスプロセスを徹底活用 ➡ キープロセスの90%以上で活用
- 実機を用いた将来プロセス検証(Conference Room Pilot＊以下CRP)をプロジェクト初期に実施、早期に将来像を確定 ➡ 机上検討の期間を圧縮
- 効果の早期享受のため、段階的にシステムを稼働 ➡ 会計・経営管理領域を最初に稼働させ、第2フェーズで販売・生産領域を稼働

現在プロジェクト中ではあるものの、シンプル化・短期間導入のルールや工夫によりCRP開始より約1年でHPEグループ全社の会計・経営管理基盤を稼働、その8か月後には販売・生産領域を稼働させ、計2年弱の短期間にグローバルでひとつに統合された新しいデジタルコアとなる基幹システムを完成させることができた。このチャレンジに対し、SAP S/4HANAがどれほど重要であったか、その価値をHPE社のチーフテクノロジストは次のように語っている。

> 「SAP S/4HANA はビジネスプロセスの刷新とスピーディな変革を支えてくれている。SAP S/4HANA に移行することはビジネスモデルの変化に、より迅速かつ効果的に対応するためには必要不可欠だ」Dave Carlisle – CTO of IT Hewlett Packard Enterprise

日本企業は、崖にどう挑むべきか？

2019年の決算発表で、HPE社は通期利益見通しを上方修正した。これは経費削減策や新しいテクノロジーへの投資が、早速奏功し始めていることを示唆している。

HPE社の取り組みは、ERPを導入する際の教科書的お作法に忠実にそして徹底的に従っていったものといえるが、それを支えたのが"社内の人材"であった。

- **CEO**：全社改革のためには自社の抜本的なIT改革が必要不可欠と明確な指針を打ち出すとともに、自らが全社改革の責任者として、プロジェクトに深く関与
- **CIO**：前職までの業務部門リーダーと密に連携した全社IT改革の豊富な経験および様々な業種でのCIO経験を通じたグローバルベストプラクティスのナレッジを買われ、変革プロジェクトの監督者お

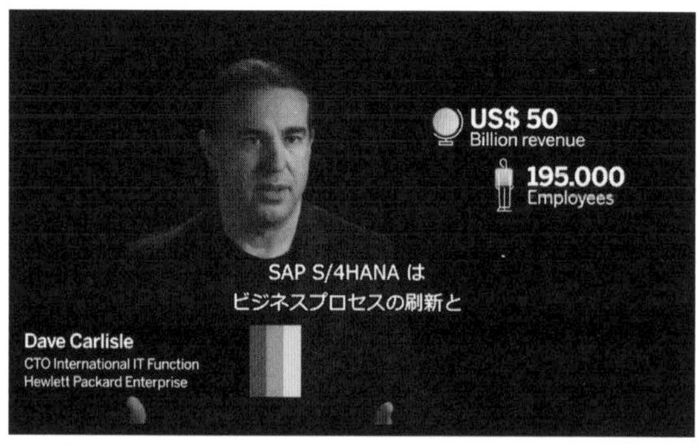

参考動画：HPE 社：SAP S/4HANA をデジタルコアとする全社システムのシンプル化
https://www.youtube.com/watch?v=HpF71pkUS7w&feature=youtu.be

よび実行責任者として、プロジェクトをリード

- **プロジェクトリーダーおよびメンバー：**テクノロジー視点だけではなく、自社ビジネスに対する深い理解と全社視点での将来のあるべきシステム像を描くスキルを持った人材で構成

同社にとって未経験の改革プロジェクトを成功させるには、**強いリーダーシップ×改革の経験×自社ビジネスおよびグローバル標準の理解といったスキルをもつ人材**を組み合わせた自社の改革チームを構築できるかどうかが肝となる。

外部コンサルタントに丸投げで頼り切るのではなく、**改革プロジェクトの様々な局面で将来のあるべき姿や業務プロセスについて、自ら意思決定が可能な体制**を構築するため、それら人材の確保または育成に努めることは殊更重要だといえる。

いくつかの日本企業においても最近、社内外問わずスキルを備えた人材を確保・活用し、短期間のグローバル基幹システムの構築を含む全社改革を推し進めている事例が少しずつではあるが増えてきている。

グローバルビジネスを展開している以上、グローバル企業と同じようなことを日本企業ができないというのは、もはや通じない論理と考えるべきである。

HPE社と同様の危機感と覚悟を持って、情報システムとしての問題というよりは経営の問題として取り組む必要があるのではないだろうか。

文：SAPジャパン インダストリー・バリュー・エンジニア **吉岡 仁**

05

鉄鋼業界の王者が挑む サプライチェーン改革

調達リードタイム短縮、納期・数量変更への素早い対応、納入スピードアップ……。顧客満足度を高める手法を探る。

景気に左右されやすい鉄鋼業界で、経営統合と国際的M&Aをくり返して世界最大の地位を守り続けるのが「アルセロール・ミッタル」である。

この多国籍企業のグループ会社であるアルセロール・ミッタル・ブラジルの鋼板部門におけるサプライチェーン改革に、顧客満足度を向上させ、業界を動かす可能性があるのだ。

勝ち抜くためのIT戦略

アルセロール・ミッタルは経営統合した2006年以降、変わらぬグループ共通のITビジョンを掲げ推進し、テクノロジーの進化や顧客のビジネス環境の変化を踏まえた戦略の微調整を繰り返している。例えば2015年、ITビジョンに基づきE-Business戦略として、「顧客中心主義」「マスカスタマイゼーション」「マーケットイン」「オープンエコシステム」「フラットな組織」を掲げた。鉄鋼メーカーとしての軸足はぶれさせず、デジタルディスラプションを勝ち抜こうとする姿勢は、世界中の鉄鋼メーカーから称賛されている。

アルセロール・ミッタル社：IT戦略とE-Business戦略

同社はITビジョンに基づき、事業部門への貢献、継続的なイノベーション、またIT部門の成長機会創出に取り組んでいます。

ITビジョン

- 事業戦略を積極的かつ継続的にサポートする。
- ITの積極的な活用とイノベーションを通じ、ITサービスの費用対効果を常に最適化する。
- 従業員に成長機会を与える。

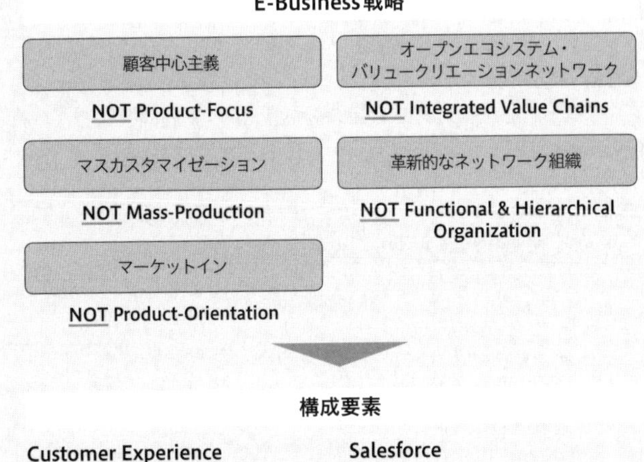

Customer Experience

- EDIサービス（得意先/大口顧客）
- ウェブカスタマーポータル（全顧客）

Salesforce

- Eコマース（汎用品／新規顧客）
- ビジネスインテリジェンス
- 顧客管理

確度の高い「需要予測」が可能に

さて、サプライチェーン改革については、ブラジルの鋼板部門がグループ内のパイロット的役割を担うことになったが、当部門は家電業界、建設業界、自動車業界に大口顧客を持つ。そして、「精度の低い需要予測による製鉄所の設備・作業員への高負荷、および顧客への納入遅延」が積年の課題となっていた。

鉄鋼業界の需要予測業務の難しさ・大変さは想像に難くない。例えば鉄鋼メーカー・加工業者・国内／海外需要家で構成される複雑な商流、各事業部から収集した顧客情報や製品特性（需要の安定／不安定、製品ライフサイクル）など、予測に加味することが膨大にある。そこで、E-Business戦略を踏まえ、需要予測精度改革のプロジェクトを発足させたのだ。

【プロジェクトで実施したこと】

- 大口顧客の多い北米向け製品を対象に、需要予測業務を標準化（予測結果を各部署の販売計画および受注業務へ反映、など）
- 需要予測業務の職務・職制を明確に定義
- 各部署でバラバラだった需要予測・販売計画ツールを一本化し、販売計画に必要なすべてのデータ（各製鉄所における最終製品・半製品の在庫、生産計画など）をHANAに集約

【それによって実現したこと】

- 予測業務の標準化と自動化による、業務の手戻り削減
- 予測サイクルの短縮（月次）

- 1回あたりの予測業務が11日から3日へ期間短縮
- 販売計画とサプライチェーンデータ集約による、販売予測と予測財務諸表の統合
- 予測変更した際の、素早い生産計画変更（変化の早い自動車業界に対応する仕組み）
- 受注から出荷までの生産リードタイム短縮（マーケットシェア・売上拡大に寄与）
- 工場内の設備・人員の最適化、および在庫の削減
- 北米向け製品（平鋼）販売計画の予測精度は17%まで向上
- 需要予測モデル活用による、「たら・れば分析」のリアルタイム化

> 改革以前は、販売計画を立案する際、予測業務を担当する各部署が独自の方法・元データで作成したExcelファイルを持ち寄り議論し、後日修正した結果を再度持ち寄る、という不効率なオペレーションだった。当プロジェクトに携わった関係者は「当時は、そもそも予測精度を上げようというモチベーションすらなかった」と証言している。それが今回の取り組みにより、予測業務を職制とした担当者が、リアルタイムで引き合いや過去の受注状況、製鉄所内の在庫、生産計画を確認し、国内に2か所ある製鉄所の各担当者と、同一のシミュレーション画面を見ながら予測業務ができるようになった。興味深いのは、顧客の注文変更（特に数量増加、納期前倒し）が以前より確実に予測できることで、製造スケジュールに意図的

に余裕を持たせ、さらには設備の稼働率に幾ばくかのバッファを持たせられるようになったこと。バッファを持たせる動機は、不測の事態に備えることが常だが、“顧客の”不測の事態に、同社は視点をずらしている点が印象的である。

これらの結果として、顧客の調達リードタイム短縮・急な納期・数量変更に対して素早く対応して納入するなど、カスタマーエクスペリエンス向上に貢献する活動となった。

最上流からのサプライチェーン改革

ここで、「顧客の生産チェーン問題を吸収する能力」について補足したい。鉄鋼製品は一品一様であり、強

在庫を管理し在庫の質を最大限に高め最善のサービスを提供することで、顧客の調達リードタイムを短縮している。例えば顧客の生産チェーンに問題が発生した場合でも、それを当社側の生産サイクルで吸収できる能力が大幅に上がった。Marcelo Campos, the Sales and Operations Planning Manager at ArcelorMittal Brasil, Acos Planos
https://www.youtube.com/watch?v=OQ3vBQV_3Xc

度、粘り強さ、耐熱性など、数百から数千に及ぶ膨大な製品特性を加味し、高炉の原料配合率や投入順序を決定する。また上工程から下工程までの装置は極めて自動化が進んでおり、最終製品から逆引きして製造工程を決定する。たとえ顧客の生産工程で不良品が発生し、急な納期・数量変更を受け付けても、ひとたび製造を開始したラインを調整することは難しい。

つまり上工程の前段階である計画立案が極めて大事であり、動画でMarceloが伝える能力とは「計画立案の精度」といっても過言ではない。例えば、注文変更が多い顧客からの発注情報は、同社からすると受注情報にあたる。過去の受注情報を元に、あらかじめ起きうる顧客側の歩留りに伴う注文変更を予測できれば、実際にそれが発生した際に即座に対応できる。

同社は顧客毎の注文情報、変更履歴を蓄積しているため、AI/MLが提案する需要予測の精度は、日進月歩で向上していくことも忘れてはいけない。これまで営業担当が経験と勘で行っていたマニュアル業務は、データドリブンな予測業務に変貌したのである。

真の顧客視点の改革にはグループ全体が注目しているだけでなく、自ずと顧客からの好感も得られるはずである。これまで不断の改善活動を積み重ね、海外の競合他社が決して真似できない製品を生み出し日本のものづくりを支え続けてきた鉄鋼業界において、アルセロール・ミッタルの取り組みは、さらなる競争力向上のヒントになりうると思える[1][2]。

文:SAPジャパン インダストリー・バリュー・エンジニア **鹿内 健太郎**

06

効率化された企業にこそ求められる大変革とは？

デジタル化、IoT、AI、データエコノミーの波は計り知れず、成長には、連続的なトランスフォーメーションが必要となる。

「ベライゾン・コミュニケーションズ（以下、Verizon）」は、世界100か国以上で事業を行い、従業員15万人、売上1,300億ドル、利益155億ドル、数字で比べると日本のNTTグループより規模が大きく、Forbes Global 2000でも20位に指名される超優良企業である。米国のIT企業といえば、すでに事業のデジタル化を済ませ、強力なガバナンスで事業を牽引して、デジタルトランスフォーメーションなど無用と思われるかもしれないが、この大企業がさらなる成長を目指して大きな変革を開始したのだ。

5Gが事業ターニングポイントに

2019年ころから**“5G”**という言葉が、頻繁にメディアに取り上げられるようになった。4Gまでのモバイルネットワークはヒトとヒト、あるいはヒトとインターネットをつなぐサービスを提供して、コンシューマー向けにデマンドを喚起し、需要に応じてネットワーク設備を増強するというサイクルで事業資産を少しずつ増やしている。しかし、IoTやAIの技術、データの利用価値についての理解が進むにつれ、あらゆる事業でモバイルネットワークを利用するデマンドが高まっている。これまでの回線は**ヒトの数**“人口”のせいぜい数倍しか想定されていなかったが、これからは**モノの数**だけ増えていく可能性があり、2030年には全世界で現在の数百倍から千倍、“1兆回線”あるいはそれ以上の需要が生じ、無尽蔵の回線数の需要が約束されたともいえる。

5Gは、単なる通信方式というより、すべての産業、すべての業界がデータを活用した事業変革を起こす重要なツールとして議論されており、本当の意味で社会変革を起こす技術となる可能性がある。しかし、それを提供する通信事業者には、需要増に反比例し

通信事業は、事業のスピードと複雑さが変化

これまでの モバイル事業の成長

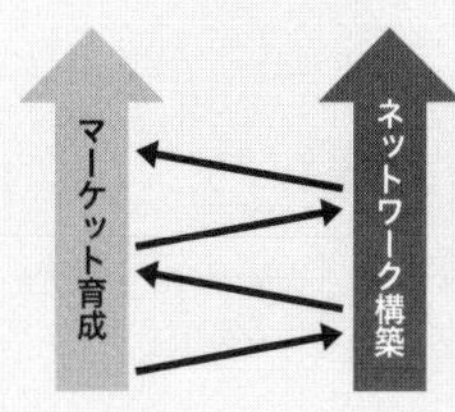

5Gによる 新しいテレコム事業の成長

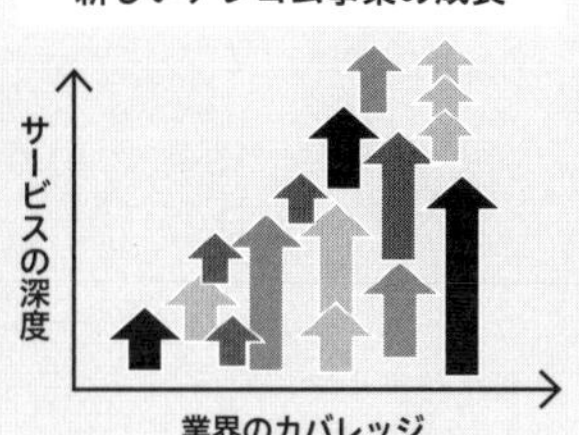

4Gまでは、コンシューマーの需要とネットワークの供給のバランスをとりながら、少しずつ投資を増やした。事業としては、比較的シンプルなマネジメントで、GAFAのようなインターネット企業に比べて、比較的ゆっくり成長してきた。

5G時代では、業界のカバレッジを広げてゆくと同時に個々に求められるサービスを個別に急速に開発提供していかなければ立ち遅れる。
複雑な事業構造の中、難しい舵取りを猛スピードで競争してゆく必要がある。

て、極端で急激な値下げが求められる可能性がある。

猛スピードで変化するIT業界にありながらも、インフラの部分を担う通信業界は、これまでは比較的ゆったりと確実なペースで成長してきた。しかし今後の5G上における各業界向けのサービス開発のためには、通信事業者だけで事業開発できるわけでない。5Gによって通信事業者同士の競争の場は広がる。まずは、よりよいポジションでサービスを提供するためにも積極的に様々な業界に浸透し、それぞれの業界における法人パートナーを増やすことで、多種類の業界でのサービスを実現する必要があるのだ。

そして、これまでと違ったサービス業態へと自らを変革し、細やかで多種多様なサービスを有機的に提供してゆく体制を築かなければ、より厳しい競争を強いられることになる。通信事業者の事業開発は、インターネット企業のようにスピードを増し、より複雑な事業をより速いペースでマネジメントしてゆく必要が出てくる。日本のモバイル各社もコンテンツビジネスや、システムインテグレーション事業、IoTシステム事業など、非通信事業に注力し始めており、Verizonを含めた世界の通信事業者は、その先の事業変革を見定めようとしている。

Verizon　15万人企業の再構築

Verizonはこの変革のタイミングを2010年代の中頃から予想していた。そして、これからフロントで多種多様なサービスを素早く開発・展開してゆくために、将来の会社のあり方としてVerizonグループ全社の事業をシンプル化・標準化し、本社のガバナンスの下、猛スピードでサービスを提供していける体制の構築を企画した。しかし、15万人の従業員と世界150か国をまたぐ大所帯のVerizonが、いきなり全社Business Process Reengineeringをするという判断はできず、まずはパイロットプロジェクトとして、子会社のIT統合から開始。当時すでに買収していたMaaS（Mobility as a Service）プラットフォームの重要なパーツとなるテレマティクスソリューションのベンチャーを統合し、2014年にVerizon Connect社を設立した。この会社変革のパートナーとしてSAPを選択し、サービスオペレーションをスムーズにすると同時にSAPと共同でサービスの開発も行った。その結果、複数のサービス統合と業務標準化を実施、**見積もりから請求までの業務プロセスを標準化**することに成功。そして、このプロジェクトでの成功を元に、VerizonはSAPとのパートナーシップをさらに進化させて全社プロジェクトへの方針を固め、Verizon 1ERPプロジェクトを2017年に発足。また、**ITシステムの標準化・シンプル化・自動化をドライバ**にプロジェクトを推進し、Verizonの時価総額を100億ドルに高めると株主に宣言し、この経営陣の強いコミットメントを実現するため下記のような目標を立てた。

- Verizon Wireless, Verizon Wireline, Verizon Enterprise, Oath（旧Yahoo!）, Verizon Connectなどの**主要事業をと**

りまとめ

- 70か国以上、8個のERPを含む40システムに分かれていたものを**ひとつのインスタンスのERPに統合**
- **ITシステムのコストを20%削減**し、かつグローバルの財務レポートを高速化
- 主な帳票、資産、売掛・買掛などのすべてを一括で管理
- **ERP、マスターデータ、顧客管理などのシステムをグリーンフィールドアプローチで導入**[3]することでの早期の導入を目指す

そして、SAP S/4HANAを選択し、Central Financeをベースのアーキテクチャとし、HANA Enterprise Cloudを採用して導入の高速化を図った。Finance領域の変革はプロセスよりもむしろマスタの整備が鍵で、個々のマスタレコードごとにプロセスの責任単位が紐付いている。通常では考えられないスピードで、わずか1年でマスタ統合を実現。その具体的なプロジェクトの成果として**勘定コード表**（Chart of Account）、**利益センター階層およびコストセンター階層のグローバル統合**を挙げていることが、彼らの達成感とプライドを感じさせる。特にコストセンターは1万5,000もの数を減らしたとのこと。このことからわかるのは、第2章04同様、次の3つである。

- 例外を認めず実際の組織体制や権限委譲に反映させることができる強力なプロジェクト権限（**経営トップの関与**）
- 変革後も滞りのないビジネス運営を担保する判断

(変革経験者の関与)

- 個々の単位の責任者の説得と教育(**全社プロジェクト意義の周知徹底**)

そして、1年という短期間プロジェクトでERPを本稼働させ、2019年5月のフロリダで開催されたSAPの年次マーケティングイベントSAPPHIRE NOWにおいて、Verizon Connect社のプロジェクトの完了が発表された。現在は他の7つのERPに乗っているプロセスをマイグレーション中である[4]。

社会の変化に合わせてさらに前へ

VerizonはFinance Firstのコンセプトの下、従来**サービス部門・ネットワーク部門とサイロ化されていた事業を通しで見える化し、マニュアル作業を極限に圧縮**した。すべてのデータを各部門がセルフサービスで分析し、それぞれの事業の状況をKPIに基づいて管理できるように変更している。これからはSAP Billingなどを導入し、1億加入の顧客を抱える事業をストリームラインに処理するプラットフォームを実現する予定である。デジタル化、IoT、AI、データエコノミーの波は、とてつもなく大きなものになる。Verizonのように効率化された事業体であっても、大きな変革が必要となることが理解できる。Verizonのビジネス変革はまだまだこれから。それを支えるITシステムの準備を完了させるのは依然急務だ。

文:SAPジャパン インダストリー・バリュー・エンジニア **久松 正和**

07

イノベーションのためのリノベーション

グループレベルでのビジネスプロセス標準化には、ビジネスルールの再定義である「コアモデル」の構築を

We want to harness digitization to run our business without limits and to be "future ready."

「我々はお客様のデジタル化を推進するために、自身の制約を排除し、将来の備えをしたいのです。」

これは、フランスの総合建設会社の「ヴァンシ(VINCI)グループ」で、エネルギーインフラ事業を担う「ヴァンシ・エネルギー社：VINCI Energies」CIOのコメントである。

同社は、2013年にグループ統一のERPを稼働させ、その4年後には、本格的なデジタル化に向けた「SAP S/4HANA」への準備に着手している。このようなスピード感で変革に着手した企業は、数多くはない。なぜ、それが可能だったのか？ 彼らの取り組みやその背景を紐解いてみたい。

ヴァンシグループの知られざる正体

「ヴァンシ：VINCI」という社名をご存じない方が多いかもしれない。実は、多くの日本人に人気があるベルサイユ宮殿やルーブル美術館、エッフェル塔と

いった芸術的建築を得意とし、地下鉄や橋梁、道路などのインフラ建築など、日本の総合建設会社に近い事業ポートフォリオを持つ企業グループである。その会社概要は以下のようになる。

- 3,200もの事業を100か国以上に展開
- グループ全体で 43.5 billion€（日本円で約5.3兆円：1€＝122円で試算）売上
- 主な事業は、建設事業／エネルギーインフラ事業（ヴァンシエネルギー：VINCI Energies）／土木事業／高速道路事業／空港運営事業／不動産事業
- また、コンセッション（公共施設等運営）事業にも積極的に展開しており、68.6%（Ebitベース）の利益がコンセッション事業から構成（従来方式［コントラクティング方式］のEbit/Revenueは4.1%なのに対し、コンセッション事業は47.2%）

日本においては、関西国際空港、大阪国際空港または神戸空港の運営権が、「ヴァンシ・エアポート社：VINCI Airport（空港運営事業を担うグループ会社）」とオリックス社などでつくる企業連合に移管したことが、大きな話題になった。また、このヴァンシグループで売上の約29％を占めるのが、エネルギーインフラ事業を担う「ヴァンシ・エネルギー：VINCI Energies」である。この会社概要は以下のようになる。

- 1,800もの事業を持ち、53か国以上に展開
- 売上は 12.6 billion€（日本円で約1.5兆円：1€＝122円で試算）
- 売上の51％がフランス国内、39％がフランス以外

のヨーロッパ、残り10%がその他地域から構成

ビジネスの大半がスクラップ&ビルド型のインフラ事業と思いきや、設計・施工技術をベースとするインフラ事業に加え、ビルや工業用地、インフラをつなぎ、パフォーマンスやエネルギー効率を改善できる革新的なソリューションやサービスを展開している。

そして、驚くべきは現在の事業構成であり、約44%がインフラ事業以外からの売上で、整理すると以下のようになっている(括弧内の数字は、2018年の全体売上に対する事業売上の比率)。

- インフラ事業(27%)
- インダストリー事業(29%)
- ビルディングソリューション事業(26%)
- ICT事業(18%)

出典:VINCI 2019 ESSENTIALS

彼らの強みを考えてみると、従来ビジネス(設計・施工)で得たノウハウをパッケージ化することである。そして、ICTを用いて運用・保守ビジネスへとカバレッジを広げ、スケール可能なビジネスモデルに転換し続けていることだといえる。

しかし、彼らの業界は単一プロセスそのままを他地域に展開できるほど容易ではなく、M&Aを軸に「地域/業務領域」を拡張させているため、「全体効率 vs ローカル適合」の問題は常につきまとう。今でこそ事業ごとにグループ全体とローカルが融合したビジネスプロセスが確立できているが、彼ら自身が"マルチ

ローカルビジネスモデル”と表現する地域や事業特性を加味しながらも、グループ全体での基本的な組織と管理の原則を統一する必要があったのだ。

「Codex（コーデックス）プロジェクト」の開始

当時の彼らを振り返ると、約15もの異なる基幹システムが並行して稼働する状況のため、グループレベルでのビジネスプロセス自体の標準化が不可欠であった。そこで、グループERP（Enterprise Resource Planning）戦略を検討し、グローバル規模で単一のシステムを展開する「Codex（コーデックス）プロジェクト」が2013年に開始された。

1. **グループ全体のビジネスルールの再定義に着手**
2. **グループ会計基盤を整備（グローバル共通のマスタ整備と管理統一を実現）**
3. **1の結果から生まれた「コアモデル」は2015年初めには100社への展開が完了**
4. **その後、SAP Fioriを用いて UI（ユーザーインターフェース）を進化**

このポイントは、「ビジネスルールの再定義」であることはいうまでもなく、仕組みとしての地域や企業を超えた「基本的な組織と管理の原則を統一（グループ会計基盤）」から始まり、「グループ全体でのビジネスプロセスの再定義によるコアモデル」の構築と展開、生産性向上に向けたUX変革へと、3年をかけて段階的に整備していった。

- 11か国、660社で1,800を超える事業をシングルインスタンスで管理
- 2万6,000人ものユーザーが利用
- 450万コードラインのアドオン資産
- 80%のコアモデルは完成。残り20%は2021年まで継続しながら成熟度を高めていく

> 「ほんの数年で、何百もの企業がこのグループに加わりました」Dominique Tessaro, CIO of VINCI Energies.

「コアモデル」の確立と進化

しかしながら、彼らの変革はここで終わらなかった。

顧客の変化と共に常に革新的ソリューションやサービスを提供し続けている彼らは、この仕組みを「デジタルコア」に進化させたのだ。ただ、現在進行形の超巨大なシステムを持ちながら、それを新たな基盤にリノベーション（移行）することは通常考えられない。それでも彼らはこのリノベーションを決断した。

> 「むしろ問題は、我々がそれを行うべきかどうかではなく、いつ・どのようにして実行するのか？ということでした」Dominique Tessaro, CIO of VINCI Energies.

ただ実際には、同規模レベルの実績やダウンタイム、アドオン資産の移行などは、それなりに準備が

必要となる。そこでSAPの協力の下、複数バージョンのプロトタイプ作業を経て実行することになる。その準備過程では、「Codex（コーデックス）プロジェクト」では取り込めなかった領域の再設計も含まれていた。コンセッション事業を拡大する彼らは、施工後のサポートビジネスをよりシンプル化する必要があったのだ。従来プロセスでは、仕組み自体の分断により、データの再入力やバッチ処理など多大の時間をロスしていたため、業務側が要求するエンドツーエンドのプロセスを確立した。こうして2018年末までにグループ全体でのオペレーションが補完され、"デジタルコア"としてのリノベーションは完了した。

また、今回のコアモデルのデジタル化に伴い、従来のERPアプリケーションの利用方法を、次のように大きく変えていくつもりだという。

- コア領域における新たな標準機能の採用によるシンプル化
- ビジネスプロセス横断でのリアルタイムモニタリング、プッシュ型での情報発信
- UI変革によるさらなる生産性の追求

UI変革については、（SAP Co-Pilotを利用した）音声認識機能付きアシスタント機能を社内・社外に展開予定など、（従来の発想とは異なる形での）デジタル技術活用にも積極的だ。このように継続的なイノベーションを推進するインテリジェント・エンタープライズの世界は、引き続き注目すべきものである。

文：SAPジャパン インダストリー・バリュー・エンジニア **土屋 貴広**

第3章

「透明性」という企業価値

Prologue

情報が氾濫している。真偽を確かめる前に反応してしまう人々によって、ときには「炎上」という形で拡散されて真実が見えにくくなり、それが際限なく繰り返されることで、慣れて飽きてしまい、人々の間に広がるのはある種幸福感のない雰囲気。そしていつしか未来への期待すら薄れていく……。

事実を正しく捉えるために、たとえそれがよくないことであったとしても、正しい解決策を講じるために、恣意を介さない情報が必要だ。

第2章で述べた通り、テクノロジーの進化によってシステムの処理スピードは飛躍的に向上している。問題はデータだ。企業内データのデジタル化が叫ばれて久しい。経済産業省の「2025年の崖」がいうところのデジタルトランスフォーメーションも、デジタルデータ活用の促進である。

ここでは、デジタルデータの活用によって、以前には不可能だった価値を創出したり、あるいは従来からの課題を解決した例を紹介していく。劇的なビジネス成長、世界中の顧客の声を集めての製品開発、顧客（住民）満足度の向上、医療サービスの質の向上とコスト削減の両立、業界に即したリアルタイム経営モデル確立、ガバナンス・コンプライアンスの向上。

テクノロジーは人々の幸福のためにあるのだ。

01

デジタルネイティブ企業、驚異のスピードで快進撃

社会の変化に対応するテクノロジーの強みを理解し、企業内外を可視化することで、効率化は最大限となる

2009年、イギリスのオンラインでスタートした**ファストファッション**[1]**「ミスガイデッド」**。

ミレニアル世代をターゲットにして、500万人ものInstagramのフォロワーを持ち、その他Facebook、Twitter、Snapchatなどのソーシャルメディアや、ポップスターとのタイアップでトレンドの先端を走る。

毎月リリースされるミレニアルのトレンドを、いち早く正確に把握しながら急成長し、2016年、**フィジカルストアの立ち上げと同時にアメリカ、オーストラリア、フランス、ドイツなどへのグローバル展開、そして、新たなチャネルへの拡大**のため、**たった5か月**という短期間で基幹システムを強化した。

特に、ミレニアルとの**デジタルエンゲージメントを強化**し、変化の激しい**ファッショントレンドに迅速に対応**するために、「**サプライチェーン全体をデジタル化**することに成功した」とITディレクターのジョン・リグナル氏は話す。

彼らはSAPのアパレルファッション向けのベスト

ミスガイデッド：ファストファッションの拡大に SAP の導入
https://www.youtube.com/watch?v=Ys81Jp3ei_I&t=10s

プラクティスSAP Fashion Management Solutionを導入し、グローバルでエンドトゥエンドのオムニチャネルを考慮して**在庫を一元化、柔軟な商品計画**の実現を果たしたのだ。

ファストファッションの終焉

2000年頃、ZARAとH&M、フォーエバー21に代表されるような、最新トレンドを取り入れた低価格のファッションを短サイクルで大量に生産・販売する"ファストファッション"が確立された。

日本にも2008年ファストファッションが上陸したが、それから10年、デジタルの発展とさらなる低価格競争の激化で、行列をなしていた銀座や原宿の旗艦店は閉店、撤退してしまったブランドも多く、ファストファッションは終焉を迎える。そして二極化が進み、さらに新たな市場が生まれてくる。

① 低価格ラピッドファッションの台頭

「ミスガイデッド」のような、ファストファッションのさらに下の価格を打ち出すアパレルチェーンが、オンライン、オフラインともに各国のローカル市場に登場し、新興勢力として伸びていく。

ミスガイデッドは、自らをファストファッションではなく、ラピッドファッションだという。生産拠点を主要マーケット近くに持ち、企画から生産、販売のスピードをわずか1週間に短縮しサプライチェーンの効率化に成功しているからだ。H&Mが半年、ZARAの5週間といわれるスピードと比べても圧倒的で、さらにリアル店舗を構えないため、出店にかかわる経費、人件費などの固定費がかからない上、リアルの売れ筋データを活用しながら、売れるものを作り販売できるところが強みである。

デジタル生まれの企業は、リアル店舗をショールームのような体験を提供する接点としてとらえ、リアル店舗との融合を図っている。ミスガイデッドの旗艦店は、「ライブ」でのショッピングの体験である「On-Air」というコンセプトで、テレビスタジオを模倣するように設計されている。その世界観の中での買い物体験を提供し、いたるところにソーシャルやデジタルでの訴求があり、オンラインオフラインのギャップを感じさせない空間作りをしているのだ。店舗で商品を選び、家へ配送するオムニチャネルのオペレーションをグローバルに展開できるように、小売・卸・コマースのサプライチェーンをひとつのプラットフォーム上に実現し、在庫の一元化を実現。財務の一元化とサプライチェーンのモノの動きに合わせた、リアルタイムの損益管理の実現によって、変化の激しい市場での意思決定を行っている。

② 高付加価値の差別化製品を求めるラグジュアリー

一方、ラグジュアリーは、商品が生まれるまでのデザイナーや職人たちの試行錯誤の歴史やストーリーが、ブランドのイメージを支えている。歴史や品質への信頼、サステナビリティを差別化要素として、ソーシャルやリアルタイムでRunwayのライブ配信をし、店舗以外での顧客接点のデジタルのエンゲージとともに、店舗の接客時に在庫や商品情報、その他店舗にない在庫でも手元で確認し予約や取り寄せができるよう、店員のデジタル武装化を進めている。

③ メルカリなどのリユース市場の拡大

経済産業省の発表によると、日本市場ではメルカリをはじめとしたデジタルで販売から決済まで完結するC to Cのビジネスも大きく成長し、リユース品のフリーマケット市場は5,000億円規模だと報告されている[2]。

販売目的でブランド商品を買う消費者もいて、リユース市場や物を買わない・所有しないミレニアル世代を対象に、レンタルでシェアリングする新たな市場も急成長している。

日本のファッションブランドの戦い方

日本には、二極化に属さないミドルアッパー層のブランドが多い。それらは店舗販売がメインだが、中には、安易な価格競争に自ら陥り、短いシーズンの中で取引の複雑さと返品や在庫、不採算の店舗の閉鎖を余儀なくされる店もある。年10億点、100万トンといわれている大量廃棄は、昨今のサステナビリティに対する意識の高まりから問題視されている。

高品質やローカルトレンドを作り、短い生産リードタイムで製造するブランドは、製品の差別化をすることで独自のブランドの価値を提供できるが、そうではないブランドは、今後デジタルネイティブ世代に追随できる顧客接点と、サプライチェーンにおけるデジタル変革が必要不可欠になる。しかし、販売の数か月前に在庫を積み上げる店舗販売を長年やってきた企業は、デジタル時代が進めば進むほど、消費者のスピードと乖離したアナログな業務となり、さらに差が開いていくことだろう。

ミスガイデッドはデジタルネイティブな企業だからこそ、ビジネスや社会の変化に対応するべくテクノロジーの強みを駆使し、企業内外を可視化することができた。彼らは、新たに在庫を販売するチャネルとしてフィジカルストアをオープンしたのではない。店舗をミレニアルに体験を提供するひとつの接点としてとらえ、カスタマーエクスペリエンスの融合をも成し遂げたのである。それも圧倒的なスピードで。

デジタル化が比較的遅れている日本は、まだ店舗での売上が主なチャネルだが、単純にECに購買行動がシフトしていくわけではなく、モバイルの普及で消費者との接点が増えたと考えるべきである。ネット販売のデジタル化ではなく、在庫やサプライチェーン、顧客エクスペリエンスを考えたデジタル変革を行い、柔軟に自動化やスピードアップできる準備をする必要がある。店舗中心の考え方のまま、新たなチャネルとしてECやモバイルアプリを追加した企業が軒並み失敗を繰り広げるのは、現状の組織と責任、業務のやり方、システムのまま、つなぎで実現しているが故であろう。

今までの仕事のやり方を踏襲し、サイロ化された属人的業務を自動化するだけでは、顧客も、働き手としての若者も引きつけることが難しく、事業そのものの将来が見出しにくいことに着眼した早期の意思決定が唯一の生き残りの道と考える。

文：SAPジャパン インダストリー・バリュー・エンジニア **熊谷 安希子**

02

全社で推進する顧客再定義、顧客体感価値作り

オペレーション・データとエクスペリエンス・データ、これを組み合わせることで、成長領域を確保できる

「アリアンツ」は1890年にドイツで設立され、世界70か国以上、8,600万人をこえる顧客に生命保険、損害保険、資産運用の各分野で保険・金融サービスを提供している。ドイツ国内では業界首位、世界でも有数の金融サービスグループである。

アリアンツ・グループの中での企業保険専門会社であり、すでにマーケットリーダーである「AGCS(Allianz Global Corporate & Specialty)」では、真の「顧客中心モデル」を組織全体の活動に組み込むことで、サービスレベルをさらに引き上げる戦略にシフトしている。つまり、将来ますます増えると想定されている不確実な顧客要望に備え、今後も収益性のある成長領域を確保できるよう、戦略の中心に「顧客体感価値」をセットしたのだ。

そしてAGCSは、顧客がこれまで体験したことのないレベルの製品、サービスを提供するために、顧客の声を幅広く聞き入れ、あらゆるタッチポイントを単一に管理し、顧客のインサイトと不確実な将来行動予測までを一元的に扱えるエンタープライズ向けエク

スペリエンス管理プラットフォームを探す。組織横断のチームは35人のビジネスリーダーで結成され、顧客獲得から成長まで、年々加速するスケーラブルなカスタマーエクスペリエンスプログラムを設計したが、彼らにはビジョンを実現できるテクノロジーパートナーが必要だった。そこでAGCSが選択したのが、世界初のエクスペリエンス管理プラットフォームを提供するQualtrics(クアルトリクス)だった。

顧客からの“体感データ”を収集

チームはこのプラットフォームを活用して常に変動する不確実な顧客動向を分析し、戦略を継続的に拡張するための術を手に入れたのである。これによってAGCSは、22か国16の言語の顧客から体感価値データを収集するために、グローバルに一貫したプログラムを迅速に展開する。

現在は豊富なインサイト(洞察)情報を保有できるようになり、場所や機能ごとに、これらの洞察を簡単にフィルタリングして優先順位を付けることができるので、管理者から現場の担当者までが次にどのタイミングでアクションを実行すべきかを正確に知ることが可能になった。

そして、彼らは言う。「グローバル視点で物事を捉え、現場ごとに行動できるようになったのだ」と。AGCSはこのようにして、顧客と真のパートナーになることの意味を再定義した。

「私たちは顧客中心主義を実現しました。クアルトリクスは顧客ニーズを予測するのに役立ちます。それにより我が社は競合他社の前に立つことできます」
グローバル・プラクティス・ディレクター　アリソン・ウィンドン

【プロジェクト遂行とその結果】

- 22か国でエクスペリエンス管理のための単一システムを構築
- 顧客からのクレーム対応をバックオフィスから、戦略的な顧客対応機能ポジションへと再配置
- 個々のお客様の反応に耳を傾け、日々困っていることは何かを常に把握し真摯にお客様のニーズに対処
- 顧客ニーズを予測する能力を高めることに成功
- 新たなリスクに対応する、これまでにない商品開発への素早い取り組み
- ヨーロッパでナンバーワンの保険プロバイダーのポジションを維持

インスピレーションは現場から

さらにAGCSは次のステップに進む。本社本部管理者などが、顧客と接する現場営業やコールセンターのスタッフなどの活動を正しく認識し、即座に対処することを求めたのだ。クレーム解決時のタイムラグを無くし、信頼される企業であるために、顧客とのタッ

チポイントに可能な限り多く触れる必要性を重視したのである。

最近では、B2Cより遅れていたB2Bカスタマーエクスペリエンス領域でもデジタル化とセルフサービス・チャネルが急速に増加、企業向け保険業界でも顧客の期待も高まり、より良いエクスペリエンスを提供するプロバイダーが選択される可能性が高いことも明確になってきている。

AGCSでは、今後数年間で、すべての法人顧客の360°ビューを作成し、顧客に関するオペレーション・データとエクスペリエンス・データ（体感価値データ）を組み合わせることはさらに重要となり、さらに必須になると考え、企業保険の法人顧客におけるジャーニーマッピングにも着手している。

ただ、法人顧客におけるタッチポイントの数は多く、顧客を過剰に調査する恐れがあることも事実。そこで、顧客を最もよく知っている現場スタッフからのフィードバックと顧客の体験を結びつけ始めたのである。スタッフへの定期的なパルスチェックを試験的に実施し、パイロット中に顧客とのやり取りにおける改善法や、そのアイディアを発見。現在はEX（従業員体験）データとCX（顧客体験）データを結合し、仕事に対し満足度が高く幸せを感じているスタッフがより良い顧客体験作りを生み出すようなケース作りに取り組んでいる。

これらは結果的に、本来顧客が知ることがない内部プロセスを改善し、実際の顧客体験がより改善されることを目指しているのである。もちろん、様々な地域や文化に合わせてサービスを微調整し、精度の向上も目指しているので、各地域の同僚とのコミュニケーションにも多くの時間を費やしている。

AGCSは常に、「**お客様の声を聞いて絶えず対話をすることはとても重要です。つまり体感価値がすべてだということです。組織全体が何をしていけば良いのかどこへ向かっていけば良いのかなど、顧客体感価値から導き出すことが重要なのです**」と考える。

これらの取り組みは、決して規制のためや単なるNPS（指標）向上目的のためではなく、顧客と金融機関の両者にとって“**ビジネスの未来を握る鍵**”があると理解しているからこそ、全社組織としての取り組みに挑んでいるのである。

AGCS - クアルトリクスを活用した顧客再定義の取り組み
https://www.sapjp.com/blog/wp-content/uploads/2019/10/42545_Allianz-AGCS-Qualtrics_-Winning-with-Experiences_jaJP_Classical.mp4?_=1

真の金融サービスパートナーに

一方、現時点の日本国内金融機関において、営業店、営業職員、代理店、コールセンター、インターネット、スマートフォン、ソーシャルメディアなど顧客に応じた的確なタッチポイント経由、かつ適切なタイミングにて顧客の声を全社で組織的、一元的に収集・分析・洞察・行動（現場からマネージメント、経営層まで同じ体感価値データを活用）までワンストップで対応できる仕組みを備えているケースはまだ少ないのではないだろうか。しかし今後は、規制対応、行政指導、企業目標などのための一過性かつ定点観測的なことに留まらず、“本来あるべき顧客本位のサービス”を目指す必要がある。そのためにも、常に多くの顧客の声に耳を傾けることによって、未来の顧客ニーズにも応え続ける“真の金融サービスパートナー”としての地位を築くべきである。その際には、AGCSでの顧客再定義、顧客体験価値作りの取り組みが大いに参考になるであろう[3][4]。

文：SAPジャパン インダストリー・バリュー・エンジニア **前園 曙宏**

03

デジタルコアの確立が叶えた「行政DX」

ヒトモノカネの統合管理と可視化・分析を効率的に遂行し、適切な判断と実行により価値あるサービスを生み出す

複雑化するITの課題を抱え、DX(デジタルトランスフォーメーション)により業務そのものを改革し利用者により良いサービスを提供することを目指すのは、企業だけではなく行政府も同様である。**2014年のデジタル電子政府(州)ランキングで評価がC+**、下位25%だったアメリカ・イリノイ州が、その後の4年間でデジタルコアを確立して急速にDXを進め、**2018年のデジタル電子政府(州)ランキングでは評価がB+、上位25%**にまでランクを上げたのだ。その脱却ストーリーを紹介する。

ビジョンなき機能拡張による混乱

ランキングでC+の評価を受けていた当時、イリノイ州では、1970年代に開発されたシステムを改修しながら使い続けており、40以上の部署・組織がそれぞれのやり方で機能拡張をし続けていた。その結果、それぞれの部署は部分的に様々な先進的な技術等を活用してきたにもかかわらず、分断化・サイロ化は進む一方で、結果として、機能の複雑化による保守性の低

下、セキュリティレベルの低下、重複投資によるコスト増、個別バラバラの実装による利便性悪化など、複雑なITシステムに職員も住民も振り回される状況に陥っていた。

このような課題感から、2015年末、Bruce Rauner知事の指揮の下、イリノイ州当局は、同州のITパフォーマンスを向上させるための4年間の計画「Illinois Smarter State」を発表し、イリノイ州が最も先進的なデジタル政府(州)になることを宣言した。

「Illinois Smarter State」では、イリノイ州のデジタル戦略を「イリノイ州のDXの実現に向け、ビジョン、計画、実行のロードマップを策定する。その上で先進的な技術に投資を行い、革新的な新たな業務プロセス、サービス、製品を生み出す」とし、目指すべきゴールとして、以下の3点を挙げている。

- 経済的に発展することで革新的な企業をイリノイ州に惹きつける
- 行政変革を行い、業務効率とその効果を向上させる
- 州の競争力を高める

> 「これは、イリノイ州を21世紀型組織へと変革するための組織横断的な取り組みです。4年以内にレガシーテクノロジーからグローバルリーダーシップへと飛躍させることを狙っています。私たちは市民により多くの価値を提供したいのです」Illinois Smarter State プログラムディレクター Kevin O'Toole

行政改革に対するERPの意義と成果

イリノイ州は行政変革を3つのアプローチで進めた。「職員の改革」、「プロセスの改革」、「テクノロジーの改革」である。

このうち、テクノロジー改革においては、中央集権サービスを可能とするためのヒトモノカネの統合プラットフォーム、すなわち、ERP(Enterprise Resource Planning)の活用を軸に進めている。その際、基盤としては、クラウドソリューションを適用している。

> 「クラウドソリューションはスケーラブルなアーキテクチャであるため、コスト効率が高いだけでなく、迅速にシステム構築を行うことができます。イリノイ州は、この特徴を生かし、非効率なレガシーシステムを廃棄し、抜本的に運用モデルとビジネスモデルを刷新することができました。この刷新により、イリノイ州の市民や行政職員は、透明性の高いデータを取得できるようになり、より効果的、効率的な行政運営・サービスを通じ、州内のすべての人々に継続的な価値をもたらすことができるようになったのです」Illinois Smarter State プログラムディレクター Kevin O'Toole

このERPの導入は、喫緊の課題から優先的に対応できるようにするために、次の3段階のアプローチで導入を行った。

第1段階：コスト管理〜財務・調達および補助金管理
— 州財務の透明性の担保
— 監査結果の事前予測
— 補助金管理・調達管理の高度化による収益増強

第2段階：政策立案支援
— 政策立案に資するデータ分析
— 自動化促進による価値最大化および効率化

第3段階：人事管理
— 州政府職員の正確な配員可視化
— 人事標準処理プロセスの自動化・連携化

さらにイリノイ州は、行政サービスの高度化に向けて、先進技術の適用によりDXを進めるパイロット事業も行っている。

- RPAによる自動化—SAPシステム導入時のデータロード（テスト・本番）の自動化、入金消込の自動判定

イリノイ州のデジタルガバメントへの挑戦
https://www.youtube.com/watch?v=kh7Flib1SHE

- モバイルアクセス—市民向けインタフェース、職員向けビジネスプロセス管理、支払処理、データ分析

このアプローチで、ヒトモノカネの統合管理・可視化／分析を通じて、行政職員が効率的に業務を遂行し、適切な判断をできるようになった。ガバナンス・コンプライアンス強化は当然のことながら、様々な形で市民にとってより価値のある行政サービスを実現している。成果例としては、「道路に設置したセンサー情報、保守トラックで撮影した画像情報を活用した効率的な高速道路の保全」「市民とのモバイル端末によるコミュニケーションの増大」などがある。

取り組みや成果を通じ、イリノイ州はデジタル化に成功した行政モデルとして認識されつつあり、さらによりよい社会を作るため、全国知事協会とともにスマートステートモデルを構築し、他の州に続いてもらうための取り組みに発展させている[5][6][7]。

グランドデザイン推進に向けて

このように、公共業界においても、民間セクター同様、ERPを通じたヒトモノカネの一元管理・リアルタイム可視化は、よりよい行政運営のための必須手段となっている。

経済産業省は2018年に複雑化・老朽化・ブラックボックス化した既存システムの残存による経済損出が最大12兆円に膨れ上がると「2025年の崖」問題への警鐘を鳴らしているが、実はこれは、そもそも政府自

身の取り組みがクラウド化時代に追い付いていない現状への反省と、それを早急に解消する強い意志の表れでもある。例えば2018年6月には、「クラウド・バイ・デフォルト原則」を出し、政府が情報システムの構築などを行う際にはクラウドの活用を第一として考えることを決定している。そして、2019年5月にデジタル手続法が成立し、内閣官房IT総合戦略室では、2030年の経済社会や技術を念頭においた、2025年までに実現すべき行政サービス像とそれを支える政府情報システムの将来的なあり方をグランドデザインとして明確化する取り組みを進めている[8][9]。

このグランドデザインでは、新たなる行政サービスとして、「生活に溶け込んだ行政サービス」、「変化に対して柔軟な行政サービス」、「信頼される行政サービス」を提唱した。そして、この「国民中心の行政サービス」を提供するために、UI/UXの多様化やデータ品質指標の策定と評価、クラウド基盤やモジュールの導入が円滑に進む仕組みの整備、既存システムのITモダナイゼーション、デジタル化による政府内の働き方改革など、既存枠組みの延長上ではない、新たなる仕組みの導入を急速に進める計画になっている。

官民連携により、5年後に目指すべきゴールである行政サービス像は可視化され、法律をはじめとするルールは整った。後は、デジタルインフラ／データコアを作り上げた上で、国民志向のサービスを提供する基盤であるデジタルコアを構築するだけだ。

文：SAPジャパン インダストリー・バリュー・エンジニア **横山 浩実**

04

未来への道を切り拓く、データ駆動型改革とは何か?

コストの削減とサービスの質の向上、その両立を図る。ITを活用した革新的かつ継続的な改革が、それを可能に

コストの削減とサービスの質的向上。今の時代、どんな企業・機関・団体であっても、この両立は喫緊の課題となっている。

アメリカ・ミズーリ州セントルイスを拠点にする「マーシー・ヘルスケア・システム」は、これを成し遂げた一例だといえる。ここは、全米Top 5のひとつで、40を超える病院と800の外来診療施設を有するカトリック系医療法人である。また、その傘下にはITを統括するマーシー・テクノロジー・サービシズ(以下MTS)があり、医療法人マーシーのITを活用した革新的かつ継続的な改革を可能にしているのだ。まずは、その歴史をみてみよう[10]。

- 1960年代:Patient Accountingを初めとするマーシーの基幹系システム開発からスタート
- 1970 - 90年代:医療におけるテクノロジー活用の要求に応える形で役割を拡張
  - 病院内ネットワークインフラアップグレード
  - 包括的なデスクトップデバイス標準採用
  - シングルポイントインターネットアクセス確立

- 画像アーカイブ通信システム導入展開
- 臨床データリポジトリー開発
- 2000年:アメリカ病院協会が「Most Wired」つまり最もテクノロジーを活用している医療機関として評価
- 2008年:電子カルテシステム(EHR)アーリーアダプター
- 2017年:医療機関として革新的であることに対するさまざまな賞を受賞

ここで注目したいのは、MTSのバイスプレジデントであるカーティス・ダドリー氏である。彼は、臨床医や経営側がマーシーの医療を次のレベルに引き上げるために、セキュリティを担保しつつデータを扱えるようにする責任を負っており、その実現のために、マーシーとMTSがSAPと提携するのを推進したのだ。そして、彼とその配下の80名以上のデータサイエンスチームは医療ビッグデータ活用による飛躍的な実績を挙げる。では、その経緯を検証してみよう[11]。

サプライコスト分析の成果

MTSデータサイエンスチームが周術期サービスに焦点を当て、使用する機器の評価について詳細な分析を行えるようになったとき、彼らは臨床診療におけるコストに関わる変動を見出した。

ある特定のケースに限って、なぜかマーシーにおける当該症例あたりの処置コストの平均を上回っている……。そのときダドリー氏の脳裏をよぎったのは、過去にも問題とされ、議論されたものの解決に至らなかった「あること」だった。

彼は実際のデータを使って、ある外科医が使い捨ての先端メスを使用していたのに対して、同僚は再利用可能な機器を使用し、そこでコストの差が起きていたことを明らかにした。無論、再利用可能な機器でも処置後の成果が得られている上で、である。そのデータを見た外科医は納得しこう答えた。「それなら私も使い捨てのメスを使う必要がありません」。根拠のある情報が専門家の説得を容易にする。

これはひとつの例で、マーシーの高度な医療技術とMTSのデータサイエンスをSAPソリューションがサポートし、周術期の効率性とコスト削減において新たな領域を切り拓き、**3年間で周術期のサプライコストだけで約3,300万ドルを削減した。**

具体的には民間企業ではお馴染みのバランストスコアカードに似た「外科手術スコアカード」を定義し、以下の5つのKPI（Key Performance Indicator：重要業績評価指標）に基づいてすべての処置の個別評価を可能にすることで、周術期医療全般の改善を図っている。

- **コスト — 処置を行う全外科医の中でのランク**
- **オペレーション — 誰が効率的な処置を行っているか**
- **処置の品質 1 — 再処置率**

- **処置の品質 2 — エビデンスベーストケアかどうか**
- **サービス — 患者の満足度**

今や周術期関連はマーシーの中でも分析の進化が最もスムーズで最も有益なひとつとされている。**何よりもコスト削減はマーシーにとってのメリットであるだけでなく、ご存じのように医療保険制度の違いによって日本よりも個人の負担額が大きいアメリカの患者にとっても、大きなメリットがある。**

しかし、彼らの仕事はまだ終わっておらず、医療機器にさらなる焦点を合わせ始めた。

性能評価による研究コラボレーション

世界の医療機器市場は2020年には5,439億ドルに達すると見込まれており、アメリカだけでも6,500を超える機器メーカーが存在する。利用可能なデバイスの数が増えるにつれて、医療機関がそのデバイスの有効性を正しく理解することが、もはや使ってみることなしには困難になってきている。

振り返ってみれば、2013年にはアメリカの議員たちが、医療機器とその性能を把握するための独自の機器識別子：Unique Device Identification（UDI）システムの道を開く法案を可決している。

それに先立ち2012年、マーシーはアメリカ食品医薬品局（FDA）と提携し、UDIシステムに関するある18か月のプログラムのパイロットを実施していた。この取り組みは、体内に埋め込まれた冠動脈ステントがUDIシステムを介してどのように監視され、データがEHRシステムおよびFDAの有害事象報告システムに流れるかを調査することを目的としている。

例えば、ボストン・サイエンティフィック社製の冠動脈ステントを使用したシナリオの場合、埋め込み時にシステムによりデバイスのバーコードをスキャンして、患者の電子カルテ記録にアップロードする。その結果はデータサイエンスチームによって、ボストン・サイエンティフィック 社製の他の患者に埋め込んだステントのみならず、他社のステントと比較することが可能になった。

この取り組みにより、世界の医療機器メーカーとの新たな研究コラボレーションがもたらされ、電子カルテ記録をSAP HANAベースのMTSの堅牢なデータプラットフォーム上で高度な分析を行い、さらに10年以上にわたって識別されていない分も含めた診療

Mercy Health：SAPソリューションを活用して患者優先の医療サービスを提供
https://www.youtube.com/watch?v=RdGJm9TkNLo

データを医療機器の効果測定や評価に用いることができるようになった。**つまりマーシーは、「医療情報」という新たな収益源を得たということである。**

マーシーから学ぶ「データ駆動型」

マーシーは、オバマ大統領による医療保険制度改革施行よりもはるか前から、Epicシステムの電子カルテ記録(EHR)システムを導入し、2008年までに全患者の臨床データの格納を完了。その後も歩みを緩めることなく医療におけるIT活用を推し進めてきたことが、何よりも強みの源泉である。**取り組み開始の早さが効いているといえる。**彼らは医療費を削減することが患者のためであり、患者に支持され医療機関として生き残るために、コストの削減と医療サービスの質の向上、その両立を得る道を選んだのだ。

日本の医療レベルの高さは世界の中でも群を抜いている。しかしその裏で、医療従事者のワークライフバランスが犠牲になっていることは既に知られている。また、民間企業以上に人が流動しないため、医療現場の勤務慣習がなかなか変わっていかないとも聞く。そして日本は、世界最速で高齢化に向かい、このままでは立ち行かなくなることは誰もが感じている。

マーシーの取り組みは、まさに「データ駆動型」医療改革といえる。これは、医療機関のみならず様々な組織にとってのヒントに満ちているに違いない。

文：SAPジャパン インダストリー・バリュー・エンジニア **松井 昌代**

05

検証！ 公益企業にとっての真のリアルタイム経営

現場から経営までの状況を把握することで、事業計画のサイクルを短く早くして、未来を先取りしていく……

「ノーザンガスネットワークス」は、イギリス北部を中心に670万のお客様にガスを供給する公益事業者だ。2年間でSAP S/4HANA、SAP SuccessFactors、SAP Concur、SAP Analytics Cloud、SAP Digital Boardroomなどを導入し、大きなデジタル変革を遂げている。この取り組みによって経営状況がリアルタイムに可視化され、事業計画を2年前倒しで策定し次の事業目標へ着手することが可能になったのだ。

「スピード経営」や「リアルタイム経営」という言葉は、日本の公益企業ではまだまだ浸透していない。公益事業では安定供給を第一優先に考えるためで、何事においても計画は時間をかけて慎重に行うべきであり、リアルタイムの情報を得て、瞬時に何かを決断するということは想像しがたいという声も聞く。ノーザンガスネットワークスでも同じような壁があった。

Digital Operations Roomの活用

しかし、できない理由を並べる前に、ノーザンガスネットワークスは視野を広げチャレンジしてみようと一歩を踏み出したのである。まずはSAP Digital Boardroomを採用した。SAP Digital Boardroomは蓄積されたデータをいろいろな切り口で可視化することができるため、多くのお客様はBoardroomの名の通り、財務状況や従業員の状況など、企業の経営情報を可視化するために活用している。

ノーザンガスネットワークスはそれをDigital Operations Roomと名付け、顧客の情報やガス漏れなど不具合の状況、未解決ガス漏れの修繕見込みなど現場に関わる情報をリアルタイムに可視化するところから始めたのだった。これにより、売上と苦情の因果関係までが明確になるのである。これらの情報を地図上に表現することで、不具合の発生地と苦情の出処の位置関係も把握することができるようになった。

イギリスは電力・ガスの自由化がヨーロッパでもい

ノーザンガスネットワークス：Digital Operations Room by Northern Gas Networks with SAP
https://www.youtube.com/watch?v=JO4LZSF17Sw

ち早く実施された国であり、公益会社との契約についても、顧客は、料金やサービスなどいろいろな観点で比較をして、更新のタイミングで公益会社を変更することが多い。

従って、不具合が多く、頻繁に供給がストップする会社は当然敬遠されることになる。日本のように、ガスは止まらないのが当たり前とまではいかないにしても、ガスが止まるのであればせめて事前に知らせてほしいし、工事で通行止めが発生するのであれば、これも事前に知っておきたい。これが生活者の心理である。しかしながら、ガス漏れの場所と苦情の出る地域は決して同じではなく、ガス漏れによりガスの供給が止まっているラインの中でも、時間や曜日によって苦情の出所も変わってくる。

Digital Operations Roomにより、これが地図上に表現されることで見えてくるのだ。修理する箇所の優先順位も明確になり、迅速な意思決定の価値を実感することができるようになった。

このDigital Operations Roomは「データに基づく意思決定のプラットフォーム」と位置づけられた。戦略的かつスピーディな意思決定が各階層で実行されるようになったことは、社員の意識、そして事業の成長に大きく影響を与えている。

現在このDigital Operations Roomは、過去の情報とリアルタイムの情報を表示できるようになっているが、将来は予測情報までを表示する予定である。例えば、ガス漏れの予測、苦情の予測、緊急の道路作業の発生予測などだ。これにより、顧客満足度の向上と作業効率の向上が期待されている。

経営情報のリアルタイム化

ノーザンガスネットワークスはこのDigital Operations Roomで、データに基づく意思決定を体感し、また、その利便性と重要性を知った上で、Digital Operations Room稼働の半年後にSAP S/4HANAを導入した。 会計、購買、人事など、いわゆるヒト・モノ・カネの情報のリアルタイム化を図ったのだ。

Digital Operations Room では、まず現場の情報をリアルタイム化した。次に、その効果を実感した上で経営情報のリアルタイム化へ踏み出したのであった。

これによって、現場の運用情報とヒト・モノ・カネの経営情報をリアルタイムに取得することができるようになる。前述の通り、公益事業の特性からみれば、リアルタイム情報を得て経営判断を瞬時に決断するという場面は少ないのかもしれない。ノーザンガスネットワークスもリアルタイム化された経営情報を使って、瞬時に経営判断をするということをゴールには置かなかった。

では、リアルタイム化された経営情報と現場の運用情報を、どのように活用しているのだろう。彼らは事業計画を2年前倒しで策定し、次の長期12年先までの事業目標へ着手を始めていたのだ。期末まで待たなくても、今日までの売上は実績値として把握ができる。修繕の予測から保全計画を作ることもできる、また決済前の情報から予測値も取得できる。

言い方を変えれば、2年も先取りして行動を起こすことができるようになったということである。

彼らは、従来の経営手法であった、ある程度の時間をかけて長期の経営計画を立て、中期計画にブレークダウンし、次年度の実行計画を策定するというサイクルを脱しようとしているのだ。

リアルタイム経営とは、「経営判断を瞬時に行う」ということばかりではなく「**現場から経営までの状況を把握することで、事業計画のサイクルを短く早く**」して未来を先取りしていくことなのではないだろうか。

現場から経営までの状況を把握し事業計画のサイクルを短く早くという点では、SAP自身の経営でも実践されている。

SAPのリアルタイム経営との比較

SAP本社の役員会議室では、実際にSAP Digital-board Roomを経営ダッシュボードとし、各国の業績見通しをリアルタイムに把握し、経営判断を行うオペレーションを実現する。そして世界各国の現地法人が、ソフトウェアの販売会社として活動を行っている。

SAPジャパンは日本でのソフトウェア販売を生業とするが、同じようにSAP AmericaやSAP Germanyが存在する。SAP本社の役員会議室は、それらの売上予測値や経費見込み、損益予測などをリアルタイムに把握して、経営判断を行っているが、これは現場である世界中の販売会社がすべて同じプロセスとルールで営業オペレーションを行っている基盤があってこそ実現するものである。

現場である世界各国の販売会社に、Franchise for Success（フランチャイズ フォー サクセス、以下F4S）という名の営業メソッドとツールが展開されているのだ（F4Sについての詳細は「SAPの業務ソフトウェア導入。この真の目的とは？」222頁を参照）。

この仕組みの導入により、仕事のやり方が変わったのは経営層と営業マネジメントのみならず、営業企画部門の役割もF4Sに定義された通りに、実際の大きな変化が起きたのであった。

かつて営業の各種レポート作成に業務時間の8割を割いていた部門が、あらかじめF4Sで準備されているITレポートから導きだせるインサイトを元に分析を行い、COO、営業マネジメントに対して改善アクションを考え、提示していくビジネスパートナー的な役割へと組織のミッションも変化した。

公益企業とグローバル展開のソフトウェア企業ではビジネスモデルも業務フローも異なるが、**現場と経営を情報が繋ぐということでは、企業が進化する上で根本は同じ**なのだ。

文：SAPジャパン インダストリー・バリュー・エンジニア **田積 まどか**

06

労働集約型企業の変革Projectからの学び

トップダウンで推進するアプローチではなく、実施プロセスは、ステークホルダーとの“共感”で

「労働生産性」が求められる建設業界では、各プロセスの変革と同時に、それらをオーケストレーションさせる能力が大きく問われている。そのためには、各ステークホルダーに、これら変革の意味や意義を理解させる必要があるのだ。

> “Action in seven areas can boost sector productivity by 50-60%[12]”
> (7つの領域での取り組みにより、建設コアプロセスの生産性を50〜60%改善できる)
>
> - Reshape regulation（規制の改革）
> - Rewire contracts（契約の再配線）
> - Rethink design（設計の再創造）
> - Improve onsite execution（現場作業の改善）
> - Infuse technology and innovation（テクノロジーとイノベーションの登用）
> - Reskill workers（労働者のリスキル）
> - Improve procurement and supply chain（調達とサプライチェーンの改善）

左記は、建設業界における生産性アップ手法の引用だが、実際のデジタル化の議論では、各プロセスの変革のみが優先され、事業やプロセス横断での取り組みに着手できないケースも多くみられる。そんな中で、カナダの大手建設企業である「**エーコン社（AECON Group）**」**のケーススタディ**は、大いに参考になる。

トロントのCNタワーの建設やオンタリオ州の原子力発電所建設、ブリティッシュ・コロンビア州のサイトCダムの建設プロジェクトなど、カナダの重要なインフラ整備プロジェクトに参画してきた企業がエーコン社であり、140年以上の歴史を持つ彼らは、エネルギープラント事業とインフラ事業の２つの柱を軸に、新規ビジネス（鉱業ビジネスやコンセッション型ビジネス）への展開も積極的に図っている。

特に、コンセッションビジネスは、**全体売上の9%**（2018年実績）だが、直近（2019年Q2）では**14%までに伸長**しており、ビジネスモデル自体の転換にも着手している企業ともいえる。

エーコン社のチャレンジとは？

彼らは、“グローバルな専門知識を備えたエネルギープラントおよびインフラ事業のリーダーとして、カナダ国内No.1企業になること”を目標に、次のようなことを掲げている。

1. **Taking care of our people**：AECONのコアバ

リューは人。積極的なキャリア開発、パフォーマンスを維持できる体制を確立

2. **Improving project efficiency and maximizing profitability**：プロジェクト効率の改善と収益の最大化。そのためには、複雑化するプロジェクトを理解し、収益の最大化とリスクの最小化の管理能力強化が必要
3. **Investing in tomorrow's growth**：未来の成長への投資。これらによる事業ポートフォリオ管理の確立により、自社の持つ専門性を活かし自律的かつ積極的にサービスビジネスできる能力を加速
4. **Balancing agility and process**：俊敏さとルール順守のバランス。それを確実に実行するために、規模を問わずすべてのプロジェクトで現場とのバランスをとりながら、効率を追求

この4つのチャレンジからも、既存事業の「プロジェクト管理」自体の精度を上げ、新たな事業に投資するリソース（人、モノ、カネ）を捻出しようとしている意図が読み取れる。

その一方で現状は、各事業が独自の戦略とプライオリティを持ち、それぞれが独自の成長を遂げてきた。その専門性の違いから、**各事業が異なるビジネスプロセス**や**ルール**だけでなく、**使用する基幹システム**までもが異なっている。つまり、各事業が相乗効果を出そうにも、ビジネスプロセスやルール、それを支えるITシステムが大きな制約となっていたのだ。

エーコン変革の過程を知る

元々、エーコン社は8つの基幹システムを有し、8つのスタンダードが存在していた。そこで、**SAPは、8つの事業と「Vision Workshop」を実施**することにし、以下の3つを抽出していった。

① 将来どうなりたいか？（Vision）

② 各事業の持つ既存プロセス上の課題を再認識

③ そして、そのVisionを実現するためのギャップ

このVision Workshopの準備から実行までを約3か月で実施後、約2か月をかけて各事業・地域の持つ特性を考慮しながら、統一したスタンダードプロセスを再定義していった。この際に、「事業横断で業務プロセスの共通点を見つけ出す」という観点では、SAPが持つコモンプラクティスが効果的に働いたという。

その後、**パイロット導入から定着化と活用までを約31か月（2年7か月）で実行**しているが、8つの事業・地域への展開と会計、人事までもがスコープであったことを考えると決して長くない。

- パイロット導入（約11か月）
- 事業展開①（約5か月）
- 事業展開②（約3か月）
- 定着化・活用（約12か月）

また、最初のパイロット先として1つの事業を選定し約11か月を掛けている。これは一見長そうに感じるが、この後のすべての事業展開を約5か月、約3か

月で終えていることを考えると、“(自身の)標準化プロセスを確立させるための必要な期間”と捉えた方が正しい。さらに、展開後の“定着化期間”を確実に設け、(導入した)仕組みを用いた新たなオペレーション自体を成熟させていることにも注目したい。

彼らは、このプロジェクトを当初想定スコープよりも提供機能を大幅に拡充しながらも、当初予算内で終えていることを考えると、同様の状況にある企業のモデルケースともいえる。

リアルタイム・インサイトの実現

また、彼らが今回の取り組みでフォーカスした「プロジェクト管理のリアルタイム・インサイト」にも触れる必要がある。これは、見積もり、スケジューリング、実行管理までの情報をリアルタイムで収集し、統一したフォーキャストアルゴリズムを用いて、リスク要素を数値化し共有する仕組みだ。彼らが“リアルタイム”にこだわったのは、多発する変更管理や現場の稼働状況など、プロジェクトリスクにインパクトを与える変動要素が多いため、**リアルタイムで管理できないと、それらを収集・集計する業務が確実に発生する**ことが理由である。そのためにも、その間接・付帯業務は徹底的に排除する必要があったといえる。

ただ、「**すべてのプロジェクト現場では、相当数のマニュアル業務が存在していたため、管理側も現場も納得するような業務プロセス変革が必要だった**」

と振り返る。これは、管理側の意図のみで仕組みを考えても定着しないことを意味しており、現場側とも共感を得ながら進めていったという。その代表例として、従来マニュアルで行われていた「タイムシート管理」をあげている。

- 既存マニュアルプロセスの改善が必要であることの共感の醸成
- 管理側と現場側で重複するデータ入力を可視化
- さらに、全体プロセスにおける課題を明確にし、デジタル化によるプロセス改善を提案（現場、管理双方でのリアルタイム化のベネフィットを共感）
- パイロット実行による想定効果を検証
- その結果をもって「ベストプラクティス」として他に展開

これは一例だが、このようにして管理側と現場側双方の共感を得ながら管理プロセス自体を成熟させつつ、その仕組みを定着化させていることも十分評価に値するケーススタディでもある。

彼らの取り組みは決してトップダウンだけではなく、各事業のステークホルダーとの共感を得ながら丁寧に進めているアプローチでもあった。これは、彼ら自身がプロジェクト管理の経験に長けているからだけではないはずだ。管理側面の強力なリーダーシップだけで推進される例が多い中、このように現場との共感を得ながら進めるやり方は日本企業にも大いに参考になるはずである。

文：SAPジャパン インダストリー・バリュー・エンジニア **土屋 貴広**

07

突然死を逃れるために、今、企業に問われるもの

ガバナンス・コンプライアンスが崩れた途端に起こる悲劇。それを阻止するために、シンプルな透明性が求められている

企業の経済活動において、ガバナンス(企業統治)やコンプライアンスの重要性は日に日に増している。実際、このカタカナワードがひとことも新聞紙上で出てこない日はないといってもいい。

それはなぜか。理由はシンプルで、2桁成長を複数年にわたりたたき出し、高い利益を生み続ける優良企業であっても、ガバナンスが未成熟でコンプライアンスにかかわる事案が出てきた場合、その事業会社もしくはそれに関連していた企業はあっという間に倒産にまで追い込まれかねないからである。

「エンロン」や「ワールドコム」はそうした事業会社の事例であり、監査法人のアーサー・アンダーセンがエンロン事件での不正会計関与で最終的に解散・消滅してしまったのは有名な例であろう。その後に成立したSOX法(サーベンス&オクスリー法)は、ガバナンスやコンプライアンス順守徹底を企業の説明責任として問うようになったが、まさに「30年で築き上げた信用・信頼も失うのは1日」、それがガバナンス・コンプライアンス事案である。

かつて兄弟会社だったアーサー・アンダーセンの失敗を二度と繰り返さないとし、その意思をシステム内のプロセスとして落とし込み、徹底活用をしているのが「アクセンチュア」である。企業の不正の8割は調達・購買・経費精算にまつわる部分で起きるものといわれているが、とりわけ間接材分野での調達・購買分野に注目したい。

標準プロセスは、会社も個人も救う

ガバナンス・コンプライアンスの徹底はどのように行うべきだろうか。もちろん、従業員一人ひとりがその内容を隅から隅まで理解し、実行していくことがベストである。一般的に、以下の3つを押さえていく必要がある。

1. **それぞれのプロセスに明文化された基準(規則、ポリシー等)があり、それらに沿って業務が行われている**
2. **取引に至る経緯が明確で、記録が保管されている**
3. **社内外の調達・購買の専門組織が取引において第三者的にこれら運用に携わっている**

ただ、個人レベルまで落とし込み、常に変化する市場や顧客の要請にこたえていくというのはなかなか難しい部分もある。そこでアクセンチュアは標準プロセスが乗っている仕組みを全員が使うことで、「この仕組みを使っている限り、コンプライアンスは大丈夫」というガバナンスを布いた。

さらにその仕組みFit to Standardを前提とするクラウド型(SAP Ariba)ソリューションを採用し、それまでのアクセンチュアの固有・独自プロセスにも再考のメスを入れ、標準プロセスを優先採用することで不正の温床を排除した。

2017年時点でアクセンチュアのグローバル調達・購買グループの状況は以下の通りである。

1. **業務展開:69か国**
2. **人員:930人**
3. **間接材外部支出の管理割合:84%**
4. **年間の調達案件(RFP/Q):2,600件**
5. **年間の請求書処理:年間826,000件**
6. **SAP Fieldglassでの業務委託スタッフ管理:30,000人以上**

この数値は日本企業の平均と比較して相当に管理が進んでおり、グローバルの基準でもまずは80%を管理しようというKPIが一般的である。しかし、アクセンチュアはこの数字には満足しなかった。それは、前段にも上げたかつての母体であったアーサー・アンダーセンがエンロン事件でのコンプライアンスにまつわって消滅してしまったという苦い経験があってのことだ。それゆえ、旧来の個別要件をカスタマイズするのではなく、コンプライアンス順守が担保された標準プロセスを前提とするクラウドへの移行を利便性の向上も含めて決断した。

この仕組みを使うことで、企業はコンプライアンス順守を徹底でき、かつ従業員も煩わしいルールすべてを把握する必要もなくツールをつかうだけでリスク回避をすることができるのである。

コンプライアンス順守が実現する世界

「現在はすべての購買要求がSAP Aribaの購買ソリューションに一元管理され、ユーザーはここにくれば必要なものが見つかり、購入できるという体験をしています。そしてその先で、自社だけでなくSAP Aribaの全顧客データを活用して、コンサルタントが出張するときにどうすれば最適な航空券の予約ができるか、必要な外部人材がどこにいるのか、などを特定できるという、ユーザーにとっての購買業務の煩雑性を一切排除する運用を実現したいのです」。アクセンチュア 最高購買責任者 Kai Nowoselは語っている。

今、アクセンチュアが目指しているのは、AIなどの技術によってデータを瞬時に分析し、多様化する要望に対して、最適な結果に落とし込むという世界観である。

新機能を導入することで、誰がどこにいても、一元的な入り口から必要なものが購買できるという体験を直感的なユーザー・インターフェースで提供することを決めた。ユーザーは特段に意識することなく、最も先端的かつコンプライアンスを順守された環境で業務遂行が行える。

強い意志とツールから生まれるもの

最終的にアクセンチュアでは、これらのプロセスをUSでは6か月で立ち上げ、他の68か国でも12か月で導入した。そして、初年度には世界中で1万4,000人の申請者から4万3,000件を超える購買依頼が発行され、導入から18か月で事前に交渉済みの統制されたカタログからの購買数は2倍になった。

このことは、①**すべての購買が統制された購買システムに統合され**、②**探している製品が直感的なユーザー・インターフェイスによって見つけやすくなった**、ことを端的に示している。

Accenture's Procurement Digital Transformation
https://www.youtube.com/watch?v=mxw0CCOal5w

結果的に今までは煩雑さや複雑さから他のサイトや購買方法に流れていた支出（つまりはコンプライアンスやガバナンスが利かない支出）が、交渉済みの製品やサービスを活用することによって大きなコスト削減につながった。彼らはこれによるコスト削減額は年間2,000万ドル（約22億円）を超えると予想しているのだ。

以上のように、業務の煩雑性や複雑性のほとんどは既に取り除かれて、いわゆる"購買のあるべき姿"は実現し、最新のソリューションやAIを最大限に活用している。同時に、ユーザーの利便性を極限まで追求しながらも、不正のZero Tolerance（完全排除）を迅速に行ってきた運用サイドでの不断の努力と強い意志があるから実現できているといえる。

つまり、アクセンチュアの場合、不正によるかつての兄弟会社の消滅という苦い経験が逆に社会的責任を強く意識させ、このような強い意志が生まれる素地があった。そこに、理想を支え実現するクラウド・ソリューションが加わったといえる。これは、アクセンチュアに限ったことではない。

同様の意志とそれを実現するツールがあれば、地域や文化にかかわらず、誰もがあるべき姿のその先に行くことは可能なのだ。 そしてユーザーにとってわかりやすいシンプルさと透明性が加味されたとき、社会的責任を担保する統制が実現するのだ。

文：SAP ジャパンAriba クラウド・レディネス・アドバイザー **小野寺 富保**

第 4 章

進化としてのビジネスモデル創造

Prologue

「創造」――ことビジネスモデルに関しては、全く何もなかったところから突然新しいカタチが生まれるのではなく、既存のビジネスを支えてきた技術やサービスがあり、そこに新たに社員たちの社会や時代に対する課題認識や熱意に基づいた可能性の追求によって新たなステージを目指した結果で、実は「企業進化」と呼ぶ方が実態に合っているかもしれない。

この章では、企業が元来の価値を生かし、さらにそれを高めて先を行く取り組みに着目する。彼らの取り組みには前述の共通点がある。

異業種間、産官学間、地域コミュニティーから同窓会まで、テクノロジーがさらなる出会いを加速させているのを実感する。居心地のいい集いでももちろん構わないけれど、もしもそこから次の何かを求めるなら、自分は何者でどんな強みを持ち、どんな役に立てるのかを、まず自分が知っていなければ。一見他の誰とも似ていない自分。実はひとりで課題を抱えている自分。何かと誰かと共感する自分。自分を見つめきれていなければ、出会ったときに組むべき相手かどうかを見極められない。相手にも見つけてもらえない。

企業同士の信頼関係も、人と人との信頼関係も、同じ根っこから生まれる。

01

アルミニウム箔技術者の熱意が生んだ「次世代医療」

革新的な技術を利用して、医療課題を解決する。ここに、進化したビジネスモデルを見つけることができる

世界最速で高齢化している日本。医療費には限りがあることがわかっていながら、軽い体調不良でも医療機関を受診し、処方された薬を正しく服用することに苦労している方が多いと聞く。そして、そんな風に処方された薬は、結局、服用されないままになっているとも……。

この現象を解決すべく、進化的ビジネスモデルに取り組んだ技術者と、彼の熱意に共鳴して集まった仲間たちによって、あるムーブメントが起こっているのだ。

画期的な新技術との出合い

「UACJ」R&Dセンター 第五開発部 箔製品開発室長 渡邉貴道氏。UACJは、2013年10月1日に「古河スカイ」と「住友軽金属」の経営統合で誕生した企業で、既存ビジネスのひとつに医薬品包装材料分野がある。ここで渡邉氏とそのチームは、"アルミ箔"に印刷できる電気回路を開発した。そして医療患者が、これを用いたプレススルーパック包装の医薬品を服用する時、箔を破ることで回路が切断され、処方された薬を正しく飲んでいるかどうかをチェックできる、「服薬モニタリング」を可能にした。しかし、これを社会全般に定着させるには非常に高いハードルがあることは、想像に難くないだろう。

実際に、UACJは、医薬品包装材料の既存顧客である複数の医薬品メーカーにこの技術を紹介したが、興味を持ってはもらえるものの、どのメーカーも採用するには至っていなかった。なぜなら薬を処方するのは医師であり、その処方の決め手になるのは、何よりまず患者に安全で、かつ効くかどうかであって、開封検知機能付きのアルミ箔包装かどうかではないからである。つまり薬が、製薬会社で製造され、医薬品卸によって医療機関に納品され、患者を診断した医師が作成した処方箋に従って、薬剤師が調えた薬が患者の手に渡るという、従来的な医薬品サプライチェーンに則るならば、服薬モニタリングを社会全般に定着させるには、先発・後発を問わず、すべての医薬品に開封検知機能付きアルミ箔が装着されていることが前提になってしまうのだ。

日本において75歳以上の患者の残薬コストは年間600億円といわれる。一方患者側も継続的に服薬することのストレスを感じている。「残薬問題」は深刻な解決課題であるため、この画期的技術を用いた服薬モニタリングを実現させる方法はないか……。渡邉氏らUACJメンバーとSAPジャパンが出会ったのは、2019年初頭だった。

かねてSAPは、個別化医療分野における様々な取り組みを支援している。例えば、2型糖尿病予防のためのロシュ・ダイアグノスティックスの取り組みや、オランダでの群発頭痛障害における原因究明のための実証実験などがある。

RocheとSAPが創出した
イノベーティブな糖尿病予防のための介入
https://www.youtube.com/watch?v=ui9wErTe0L4

An Icepick in the Eye
—群発頭痛障害の解明、さらにその先へ
https://www.youtube.com/watch?v=WaTC1AyZIa8

このふたつの取り組みの共通点は、デジタル技術を活用した、より患者に近い場所でのイノベーションである。SAPジャパンはそのことを紹介し、UACJと次のようなやり取りをした。

SAP「既存のプレススルーパック包装に、例えばシールのように開封検知付きアルミ箔を"後貼り"できるなら、適切なチャネルによって、医薬品の種類を問わず、飲み忘れでもあるいは飲みすぎでも、薬の開封の有無を管理したい患者さんや医療従事者の方々に使ってもらえると思います。とはいえ、技術的に後貼りは可能でしょうか？」

UACJ「できます」

SAP「すごい！ よかったです。実はご紹介した事例の取り組みを運営する組織は、いずれもプラットフォーマーとしてサービスを提供しています。製造業のUACJ様が、サービスビジネスに進出する考えはおありでしょうか？」

UACJ「弊社も製造業だけに固執せず、新たなビジネスを考えていかなければなりません。もちろん、プラットフォームビジネスは視野に入れています」

SAP「ならば次のアクションは、技術とサービスの活用に興味を持ち、協働してくださる医療従事者を探すことかと。貴社も弊社も医療のプロではないので、直接患者さんにコンタクトすることはできませんから。例えば、貴社内の産業医とタッグを組んで、従業員を対象とした実証実験はいかがでしょうか？」

そして、渡邉氏らは敢えて医療界への直接のコンタクトに踏み切った。その熱意とフットワークが、「ドクターズ」との新たな出会いに繋がった。

強みを持つ同士の協働で生まれるもの

様々な医療課題解決に向けて、多数の現役専門医チームを構成し、医療機関や大学、医師団体などの垣根を越えて繋がることを目的として設立された企業が、ドクターズである。高度な医療課題にも取り組みが可能な現役エキスパート医師（400名以上の専門医ネットワーク）を中心に、医療に新たなイノベーションを起こしており、その代表である柳川貴雄氏は、脳外科医でもある。UACJとの取り組みでは、柳川氏自身が直接関与している。

日本ならではの法規制や慣習によって、アクションを進めるには、医療従事者による適切な判断が必要である。ドクターズの参画によって、開封検知機能付きアルミ箔の強みを生かした上で、より治療に貢献できるよう、具体的な疾病を想定した実証実験シナリオのデザインや検討が進み、実施に向かうことができるようになった。患者に寄り添うこれといったデジタルプラットフォームはまだ日本にはない。その上、医療界はデジタル人材が不足し、テクノロジーに関する誤った理解から、医療従事者のワークライフバランスが崩れているにもかかわらず、医師の仕事がなくなるといった“恐れ”から、未だにテクノロジーの活用に後ろ向きな声があると聞く。

では、これは行政の仕事なのかというと、あまりに

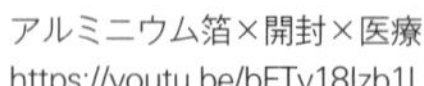
アルミニウム箔×開封×医療
https://youtu.be/bFTv18Izb1I

も解決すべき医療テーマが多すぎて、どこから手をつけるかという議論から先に進むことが難しい。そんな中で、アルミニウム箔という薬の包装材を使ったIoTは、特定の疾病に偏りにくい上に、医師の処方が変わっても対応できる。しかも、そのメーカーがプラットフォーマーを目指すという。集まったデータを分析することで、残薬が起きる原因究明が可能になるのではないか。これまで産官医が苦慮してきた分野に、ついにニュースターが現れたのである。

未来に向けて真摯に率直に

性能と使用感を考慮して試作を重ねた開封検知付きアルミ箔を使って、2019年11月から、医療関係者による小規模の実証実験が開始された。そして11月15日には、UACJ／UACJ製箔／ドクターズ／SAPの4社共同で、実証実験スタートのプレスリリースを行った[1]。さらに、2020年前半からは、各業界に向けて周知活動を始め本格的な実証実験を行う予定で、並行して実用化に向けた検討に入り、2022年度の実用化を目指している。

2020年1月、UACJはデジタル技術を活用した先進的な取り組みを表彰するSAP Innovation Awardの選考に応募した。まだ実証実験の段階ではあるが、それは「この取り組みを世界に問うてみたい」というメンバーの熱く前向きな意思に基づいている。

文：SAPジャパン インダストリー・バリュー・エンジニア **松井 昌代**

02

最先端テクノロジーで、リスク評価に「智慧」を

多種多様な要件に応じるために分析情報を顧客と共有。柔軟でオープンアクセス可能なソリューションを

世界最大手の再保険会社であるミュンヘン再保険は、約135年間にわたり、リスク管理に対して常に前向きで慎重かつ責任あるアプローチを続けている。そして、世界における多種多様なリスクを想定することによって、継続的に価値創造を生み出す努力をしているのだ。ロケットの打ち上げ、再生可能エネルギー、パンデミックなどの特別なリスクカバーから、インシュアテック企業への積極的な出資や戦略提携など、IoT、サイバーセキュリティなどの分野まで日々革新的な取り組みに挑んでいる。

数年前から保険業界でも、IoT、5Gといった最新テクノロジーによる本格的なデジタル化が加速しているが、例えばGAFAは、従来の保険商品・リスク評価モデルなどが根本から変わるであろう環境をベースに、巨大プラットフォーマーとして大量のビッグデータを収集して分析を行い、最近では生活健康データにも着手し各業界へ多大な影響を与えだしている。そして、インシュアテック（スタートアップ）は、最先端IoTを利用して新たなビジネスモデルで挑んでくる。

それらの脅威に対抗するために、先進的な各国の

保険会社は、最新テクノロジーを駆使して、自社保有以外の大量な各種データ（高精度画像・動画、大量かつリアルタイムの様々なセンサー情報など）を活用した、新たなイノベーションの創出や革新的な商品・サービス開発にしのぎを削っている。

このような状況の中、ミュンヘン再保険のRisk Management PartnersとSAPで最新のロケーションリスクサービス―NATHAN[2]を開発したのである。

ビジネス上の課題とゴール

データは、もともと本質的な複雑さに加えて、様々なデータベースや情報ソースに分散されていたため、大量のデータを処理することは非常に困難であった。しかしミュンヘン再保険は、世界中に存在する顧客の多種多様な要望に対応するために、そして、自社の分析情報を顧客が共有できるように、柔軟でオープンにアクセス可能な環境・手段を探していた。サービスのデジタル化が進み、ソフトウェア分野への投資が増加するにつれて、ミュンヘン再保険にとって、リスク管理の分野で新しいタイプのソリューション機会が生まれようとしていたのだ。

ミュンヘン再保険は、はじめにメキシコの政府機関とのデザインシンキングを実施。そこでのプロトタイプ検証を通じてソリューションを導き出した後、過去40年間の世界的な災害データと自社内で開発されたリスク指標を組み合わせたアプリケーションを

SAP Cloud Platform上に実装することを決定し、顧客のデータも合わせ、ロケーションとビジネスインテリジェンスの統合を実現した。この最初のクラウドアプリケーションであるM.IN.D(Manager for Interactive Disaster assessment)は、以前のオンプレミスベースのハザードおよびリスクアプリケーションだったNATHANと組み合わされ、クラウド専用の一連のアプリケーションとなったことになる。このリスクスイートは、SAP Cloud PlatformとSAP HANA Spatialに基づく包括的な製品スイートである。

ゴールは、リアルタイムデータへの簡易アクセスも提供しつつ、**リスク管理者、引受会社、損失調整担当者など様々なグループユーザーの、多様な要望に対応させ、モジュール構造とカスタマイズ可能なインターフェースを備えた最先端の地理空間アプリケーションを完成させることだった。**

必要な情報をすべてひと目で把握

Risk Management Partnersでは、リスク管理およびIT分野の専門家が、リスクの包括的な見方を提供し、企業が直面するリスクの特定・評価・回避および軽減を支援するデジタルソリューションを顧客と共同開発。最初の製品であるリスクスイートは、先にも述べた通り、現在ふたつの強力なツールで構成されている。

第一に、NATHANでは個々のポートフォリオデータが、地域の累積と損失パターンなどの分析を可能とし、世界中のすべてのロケーションエクスポージャーとリスクスコアを提供。次に、M.IN.Dは、ポートフォリオ管理や請求管理などのビジネス面に焦点を当て、初期損失見積もりを作成し、誤請求などを識別し、地理空間データを視覚化することによって、NATHANのロケーションリスクの洞察を補完する。

地理空間データの分析は、以前より自然災害のエクスポージャーを判断するための標準的なアプローチだったが、近年データとその情報ソースの量が大幅に増加しているため、大量処理が非常に困難になっていた。これらの制約を取り除き、データの威力をさらに利用するために、ミュンヘン再保険はデータベースをSAP HANAにアップグレードし、SAP HANAはリアルタイムに最先端の地理空間分析に不可欠なパフォーマンスを提供。さらに世界中に分散している顧客にもソリューションを展開し、リスクスイートの潜在能力を最大限に引き出すために、ミュンヘン再保険は2万2,000のオンプレミスユーザーをSAP Cloud Platformへと移行することを即断したのである。

個々のリスクレポートなどのダッシュボードやアラートによる、リアルタイムのデータプロビジョニングを活用することで、顧客は重大な事象をリアルタイムに状況把握ができ、意思決定を大幅に改善できる。クラウドプラットホームのオープン性は、ローカルデータセットとAPIのシームレスな統合を可能にし、それによって引受会社とリスク管理者に全体像を提供し、より情報に基づいたデータ駆動型の意思決定を容易に実現する。顧客は、あらゆるデバイスや場所からミュンヘン再保険の貴重な価値あるデータに簡単にアクセスできるだけでなく、スイートの分析機能に絶えず直接接続することを保証するAPIを通じて、リスクスイートを各社独自のソリューションに統合するオプションも提供されているのである。高度にカスタマイズ可能なインターフェースを特徴とするリスクスイートのモジュール構造は柔軟性も提供し、ユーザーはトピックと目的に応じて様々なリスクセグメントの独自リスクマップを生成し、必要な情報をすべてひと目で把握できるようになった。

〈主な特徴〉

- ワンクリックで12のハザードマップと4つのリスクスコアを表示
- 土壌カテゴリー、海岸から断層までの距離、人口密度などを表示
- 最大1,000万ロケーション（1GB）のポートフォリオ分析機能
- 動的リスク指数の計算、損失予測
- 全体的なリスクスコアから地震、暴風雨、洪水など災害種類別までリスクスコアを迅速に提供
- 世界中、あらゆる場所（住所）レベルのリスクスコアを測定・算出

Risk Management Partnersの責任者Christof Reinertは、「リスクスイートを利用すると、実績のあるNATHANの資産を活用して保険の世界観を超え

ることができ、より多くの顧客がミュンヘン再保険のリスクに関する知識情報に簡単にアクセスすることができる」と、述べている。

顧客要件に応じるために具現化を

最後に、NATHANの顧客満足度は90%を超えているが、近い将来、Risk Management Partnersは、引受会社およびリスク管理者と協力して既存のアプリケーションを改良および拡張し、新しい顧客セグメントを見出すために、スイートを進化させる拡張計画も検討している。ミュンヘン再保険は、長年にわたり格付け目的のために地理的インテリジェンスを活用し、常に技術を改善してきた。また常に顧客の要望にいち早く応じるため、時代と共に革新的なサービスを模索し、具現化し続けている。

ミュンヘン再保険にとってSAPは、単なるソフトウェア提供者ではなく、今後も新たなチャレンジやイノベーションを共同で行える良きパートナーである。これからも共に、"顧客ファースト"で歩み続けていく[3]。

文:SAPジャパン インダストリー・バリュー・エンジニア **前園 曙宏**

03

オペレーション最適化で顧客体験の向上を

データをリアルタイムに取得し、即座に改善を繰り返す。お客様の満足度をアップさせれば収益アップにつながる

1980年代から1990年代にかけて、ジョー・モンタナ、スティーブ・ヤングという名クウォーターバックを擁し、通算5度のスーパーボウル優勝経験があるSan Francisco 49ers（以下 49ers）。このアメリカンフットボールのチームは、アメリカ合衆国カリフォルニア州サンフランシスコ・ベイエリアのサンタクララ、いわゆるシリコンバレーに本拠地をおく。ホームであるリーバイス・スタジアム（以下 Levi's Stadium）は、2014年のオープン以来、「スマートスタジアム・コネクテッドスタジアム」の先駆けとして、世界中から注目を集め、Levi's Stadiumには、IntelやSonyのようなハードウェアメーカーから、Yahoo!やSAPのようなソフトウェアメーカーまでが、パートナーとして名を連ねている。

ファンへのデジタルサービス

近年、「顧客体験／Customer Experience」という言葉が注目されているが、Levi's Stadiumでは観客に、デジタルを活用した様々な顧客体験の機会を提供している。主な取り組みとしては、当時の最先端であったスマートフォン向けスタジアム・アプリケーションがある。これを使えば、デジタルチケットの提供はもちろん、位置情報に基づいたゲートから座席までの経路案内、トイレの混雑状況の見える化、さらには座席から飲食の注文ができ、さらにそればかりか、追加料金を支払うことで自分の座席まで運んで来てくれるサービスまでも提供している。

NFLには、ホームゲームが年間わずか8〜10試合しかない。**デジタルを通じた素晴らしい顧客体験をファンに提供したとしても、そのうちの1試合でも観客が嫌な体験をしてしまえば、その比率はシーズン全体の15%にもなってしまうのである。さらに49ersの場合には、観客の約95%がシーズンシートを保有しているため、すべての試合で素晴らしい体験を観客に提供することが、観客数を維持するために必要不可欠なこととなっている。**

スタジアムでは、数多くの顧客接点が、観客の体験にインパクトを与える。それには「チケット購入」、「駐車場」、「スタジアムへの入場」、「ファンショップや飲食の買い物」、「SNSでの体験のシェア」などがある。しかし、これらは通常、別々のシステムによって管理・運用されており、49ersでも同様である。49ersでは、このような別々のシステムからデータを集約し、分析用にデータウェアハウスを構築していた。ただ、この仕組みには2つの大きな技術的な問題があった。1つめの問題は、試合の2日後にならないと、全データが揃わないということ。2つめの問題は、分析用のレポートは、スタジアムの運営担当役員にとってわかりにくいものであったということである。

リアルタイムオペレーションの実現

したがって49ersでは、ゲーム中に起こる数多くの問題を、運営担当者から担当役員までが容易に把握することができ、さらに正しい改善活動をスムーズに行えるように、全システムからのデータをリアルタイムに取得し、それらを統合・見える化し、オペレーション改善に活かせる方法を必要としていた。特に49ersでは、以下のような場面において、リアルタイムに取得したデータを活用したいと考えていた。

- **チケットのスキャンデータを用いて、観客がスタジアムに入ったゲートと時間帯に基づきスタッフの人員配置を最適化**
- **駐車場入場ゲートのデータを用いて、駐車場への流入量を制御し、運転者の適切移動を補助**
- **VIP顧客や法人顧客が来場した際のために、チケットゲートのスキャンデータを用いて担当営業に自動メッセージを送信した上での最適なアテンド**

- HappyOrNotから観客のフィードバックを入手し、スタジアムで問題のある箇所の特定と、問題の解決
- 飲食と物販の販売データを用いて、過去の実績をベンチマークし、当日の試合での予算進捗状況の確認を実施
- モバイルアプリと販売データを使用して、どのキャンペーンが有効か判断

さらなる顧客体験の向上に向けて

上記の改善項目の中で最も特徴的なものが、**「HappyOrNotから観客のフィードバックを入手し、スタジアムで問題のある箇所の特定と、問題の解決**」である。日本では見かけることが少ないが、海外空港の手荷物検査場やトイレの中には、笑顔から怒った顔まで4つのボタンが付いた機械がある。これが「HappyOrNot スマイリーターミナル」と呼ばれる、フィンランドのHappyOrNot社[4]が開発した、顧客満足度を調べるための機器である。観客は機器にある4つのボタンのいずれかを押し、設問に対する満足度のフィードバックを行うのだ。49ersでは、このターミナルをスタジアム内の200か所に設置し、入場ゲートや駐車場、飲食やユニフォームやグッズの売店などで顧客の声を収集している。例えば、飲食売店で顧客の満足度が低ければ、レジで長時間待ったのかもしれないし、飲食が提供されるまでの時間が長かったのかもしれない。トイレでの顧客満足度が低けれ

ば、掃除がきちんと行われていなかったり、トイレットペーパーが無くなっていたのかもしれない。49ersでは、こうしてHappyOrNotから顧客満足度を収集したが、実は改善活動に効果的に利用することができていなかった。それゆえにHappyOrNotをExecutive Huddleとリアルタイムに連携させ、設置場所における顧客満足度をリアルタイムに知ることができるようにし、売店での不満が高ければスタッフの増員を行い、トイレでの不満が高ければ見回りの順序や頻度を変えるなどの対応を迅速に行うようにした。顧客満足度の、継続的な改善を続けているのである。

> 「SAPとは、リアルタイムアナリティクスによって、私たちの問題のいくつかを解決に導く革新的なソリューションの開発に向けて連携しました」Moon Javaid
> (Vice President of Strategy & Analytics, San Francisco 49ers)

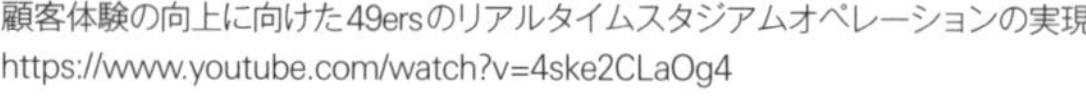
顧客体験の向上に向けた49ersのリアルタイムスタジアムオペレーションの実現
https://www.youtube.com/watch?v=4ske2CLaOg4

日本では「日本再興戦略2016」の中で、「スポーツの成長産業化」が官民戦略プロジェクトのひとつに取り上げられ、その中で、**「スタジアム・アリーナの改革（コストセンターからプロフィットセンターへ）」**が打ち出された。さらには「未来投資戦略2017」において、「**全国のスタジアム・アリーナについて、多様な世代が集う交流拠点として、2025年までに新たに20拠点を実現する**」ことが、KPIとして設定されている。まさに、これからスタジアム・アリーナの新設や建て替えが進行する。日本は欧米とは異なり、スタジアム・アリーナのマネタイズをあまり意識してこなかった。ただ日本再興戦略2016での定義を実現するためには、効率的な運営のための仕掛けと、コト消費であるスポーツでの体験をきちんと把握し、効果的にビジネスに生かしていくことが重要だといえる。49ersが実施したスタジアムとファンの関係を、企業と従業員、あるいは顧客やビジネスパートナーとの関係に置き換えてみることで、様々なインスピレーションが湧く。

2018年11月にSAPは、エクスペリエンスマネージメント（XM）ソフトウェア分野の世界的パイオニアであるQualtrics社の買収を発表した。これにより、業務データ（49ersの例だと顧客属性や来場、購買などのデータ）とQualtrics社の体験データ（49ersの例だとHappyOrNotのデータ）を組み合わせることができる。この新しいXM分野の成長が加速すれば、より良い顧客体験の提供による収益改善が期待できる。進化は止まらない。

文：SAPジャパン エンタープライズ・アーキテクト **佐宗 龍**

04

老舗企業の挑戦！新たなビジネスモデルへ

時代の変化とともに変わることは老舗企業にも必要である。「物売り」から「コト売り」への変身を考えていきたい

スウェーデンに本社を構える「サンドビック・グループ」は、売上約1兆2,000億円、全世界に従業員数4万3,000名を有し、主に金属切削工具、先進的な金属材料、鉱山・建設機械を取り扱うエンジニアリングのグローバル企業である。

このサンドビック・グループで中核事業を率いる「サンドビック・コロマント」は、1942年に創業し、現在8,200名の社員が150か国で切削加工技術をベースに工具の製造販売およびサービスを提供する、いわゆる老舗企業である。サンドビック・コロマントは技術力およびサービスに優れており、顧客が購入した工具の価値を最大限引き出し、顧客の生産性向上や生産高度化に寄与し続けている。その結果、自動車、航空機、そして歯ブラシなどにもサンドビック・コロマントの工具が使われ、大企業から家族経営する零細企業まで様々な顧客層をカバーしているのだ。

サンドビック・コロマント社の戦略

製造現場では、突発的なトラブルで製造を止めてしまうことが致命的だ。復旧までの時間が経てば経つほど収益・利益に影響を与えてしまう。サンドビック・コロマントは、長年製造業の現場向けに工具を提供してきているので、そのことを痛いほどわかっている。もし工具が原因で製造を止めてしまったら、顧客に与える影響は計り知れないと。

しかし、工具というものは、いつ壊れるかわからない。そして、工具トラブルがあっても、その修理サービスが専門家でないとできない場合、現場に駆け付けるまでには時間もかかってしまう。「Time is Money」である。製品を売る、製品を保証するビジネスモデルだけでは、顧客の期待に応え、止まらない製造現場の実現に貢献できない。

そこで、サンドビック・コロマントは新たなビジネス戦略を掲げた。

Transforming from products to solution and services

これは、これまでの切削工具など製品（モノ）を売るビジネスから、ソリューションやサービス（コト）を売るビジネスにシフトすることを戦略の中心に据えることを意味する。この戦略を実現するためには、4つのポイントがある。

1. 工具ビジネスのパートナーエコシステムに対するリーダーシップの発揮

2. 工具とソフトウェアおよびサービスを組み合わせた完全なオファーに基づくソリューションの提供

3. **豊富な知識と新しいテクノロジーを組み合わせて、世界クラスの製造ソリューションを提供**
4. **デジタル加工の世界で成功するため、様々なパートナーのデジタルエコシステムに協力**

振り返れば、サンドビック・コロマントは、金属切削工具の豊富な品揃えを武器とした、製品販売が中心のビジネス展開をしてきた。そこから新たなビジネス戦略に基づいて、製品戦略も変わってくる。リモートから使用状況がわかるように、製品にセンサーを搭載。さらに製品だけでなく、工具破壊を避けるようなソフトウェアを提供。専門家でなくても、顧客がセルフサービスで製品のチューニングができるようなeLearning環境を提供するなど、顧客自身が製造現場でスムーズな対応ができる姿を目指している。

新たなビジネスモデルへの適用

このようにサンドビック・コロマントでは、製品販売中心のビジネスから、製品だけでなくソフトウェアをバンドルしたソリューション販売に向けて自己変革の舵を切り始めた。今までとは違う新しい**デジタル製品の提供**を開始すると、従来にはないビジネス機能をカバーする、新たなビジネスプロセスが必要になる。

サンドビック・コロマントにおける大きな**変更点**をまとめてみた。

ただ、これらの大胆な変更を既存の社内システムだけで対応するのは、困難を極める。そのため2018年

From	To
製品	ソリューション
数量をベースとしたプライシング	使用量に応じたプライシング
注文	契約
サプライヤー	パートナー
ロット・バッチのトレーサビリティ	アイテムごとのトレーサビリティ
納品	活用、利用

より、デジタル加工分野で新たなビジネスモデルに対応するための社内プログラムが立ち上がった。プログラム名は「Digital Offer Supply Chain – Program」。

プログラムの目的は、デジタルソリューションの供給を確保するための新たなプロセスとシステムをサポートすることである。

ここでは特に重要な**ビジネスファンクション**として以下を挙げている。

- クロスセル
- アップセル
- エンタイトルメントマネジメント(権利の管理)
- 新機能のプロビジョニング
- トレーサビリティ
- セルフサービス

対象とする**ビジネスプロセス**は、製品開発、受注・納品、デジタルツールアクティベーション、利用検証、顧客セルフサービスといった顧客使用のフェーズまでをカバーする。

> **製品設計：**機能・スペックの定義、製品開発、ライセンスモデルの開発、製品定義
> **受注・納品：**受注プロセス、エンタイトルメント付加、課金・請求、シリアルナンバー
> **デジタルツールアクティベーション：**ライセンスキー発行、エンタイトルメント認証
> **利用検証：**機能検証、消費・利用レポート
> **セルフサービス：**利用開始、利用終了

そして、サンドビック・コロマントの新しいプロセスでは、ソフトウェアを利用する権利の有無を管理することが重要な位置づけとなった。従来製品を販売した後は製品保証を管理するが、新たなビジネスでは、製品保証に加えてソフトウェアを有効化する権利、バージョンも含めソフトウェアを利用する権利といった、様々な権利を統合して管理する必要が出てきたのだ。

そこでサンドビック・コロマントが目を付けたのは、ハイテク業界の顧客意見を盛り込んでSAPが新規にリリースした、権利を柔軟に管理するクラウドベースのシステムだった。販売伝票とそれに必要な権利を紐付けて管理することができるようになり、さらには利用状況も可視化されるため、顧客の製品・ソフトの利用状況を考慮したアップセル、クロスセルにも活用

ができるようになったのである。

ソフトウェアリリースのシンプル化、効率化に、この権利管理の仕組みが貢献している。さらにサンドビック・コロマントは、2020年に新たなサービスベースのプライシングモデルのリリースを検討しており、利用料課金モデルも出てくる見込みである。顧客に寄り添い、顧客の生産性向上や価値向上を常に考え、新たなビジネスモデルで新たな価値を提供するサンドビック・コロマントの挑戦はこれからも続くだろう。

ビジネス変革はどの企業も待ったなし

デジタル化が急速に進む昨今、ビジネス環境が劇的に変わるケースが増えつづけている。その一例がこのサンドビック・コロマントだ。創業から78年の老舗企業がビジネスモデル変革に全力を注いでいる姿は、歴史の長い日本企業にも参考になるのではないだろうか。新たなビジネスモデルはスタートアップの得意とするところかもしれないが、サンドビック・コロマントのような社歴の長い老舗企業も例外ではない。物売りからコト売りに変わるような新たなビジネスモデルへの変革は待ったなしなのだ。競争環境が変化する中、ビジネスプロセスを再創造し、新たなビジネス機能を手に入れ、顧客に寄り添い、顧客の価値向上に努め、新たな顧客との関係を築いていくことは、これまで以上にグローバルスタンダードである。

文:SAPジャパン インダストリー・バリュー・エンジニア **柳浦 健一郎**

05

伝統的B2B企業の新・販売&流通経路

鉄鋼業界が展開するEコマース戦略に変化が見られる。新しいチャネル開発は、顧客ロイヤリティ向上となる

インターネット・バブルの1990年代末に、立ち上げては失敗を繰り返した鉄鋼業界のEコマース。現在は、西ヨーロッパや中国、またインドを中心に普及が進んでおり、特に中国のECサイトであるZhaogang.comは、世界最大の中国鉄鋼市場において10%強の売上高を占めるといわれる。また、粗鋼生産量で世界第2位の宝鋼集団が運営するOuyeelは、鋼材やアルミ製品の販売だけでなく、融資などにサービス範囲を広げている。

ヨーロッパに目を向けると、世界最大の鉄・非鉄の販売代理店であるKloeckner社が出資して設立されたXOM Materials社は、自社で取り扱う製品だけでなく、競合他社が出品可能なデジタルプラットフォームを運営している。2018年の第3四半期では、デジタルチャネルを介して生み出されたグループ売上の割合は23%まで増加し、2020年期末には50%を見込んでいる(グループ全体の2017年度の売上高は約63億€)。

このように、オンラインのプレゼンス強化は鉄鋼業界でも待ったなしであり、「アルセロール・ミッタル

ヨーロッパ」経営陣は、2016年末にECサイト立ち上げを決定した。

Eコマース導入までの葛藤

ただ、アルセロール・ミッタルヨーロッパのEコマース参入における議論は、非常に慎重だったようだ。「得意先はECサイトを使ってくれるのか？」「自社の営業担当はECサイト導入のメリットを感じ、推進に協力してくれるのか？」「既存の流通経路はどうするのか？」「過去、鉄鋼Eコマース事業が失敗に終わった企業は多い」「導入するにも、これまでの自社ノウハウが通用しないのではないか？」「鉄鋼業界にECサイトはフィットしない。そもそもEDI（Electronic Data Interchange：電子データ交換）やカスタマーポータルで事足りるのではないか？」など、ネガティブな意見が多かったようである。その際、ブレークスルーにつながったのは、「鉄鋼市場No.1ポジションを維持する」という使命感に他ならない。つまり、オムニチャネル、ダイナミックプライシング、デジタルマーケティングを実践したかったといえる。さらに言うと、全オンラインチャネルにおいて顧客への販売と顧客とのコンタクトを実践し、これまで鉄鋼業界に存在していなかった価格の透明性を実現し、将来的に顧客として購買意思決定をするデジタルネイティブ世代に対してブランド認知を上げる狙いもある。既存EDIではなく、B2B Eコマース市場が今後拡張することは容易に想像でき、Industry 4.0やDXに対する機運が高まっていく中で、自社のミッションを維持し、将来への脅威を取り除くことを考えたのだ。

複合的な要素を顧みながら、決断

また、優秀な人材を惹きつけたかったこともある。鉄鋼業界では依然として圧倒的な存在感を示す同社だが、優秀な学生を獲得する際に競争するのは、自動車メーカーや消費財メーカーであり、さらにはグーグルなどのテクノロジー企業もある。人材市場でこれら人気企業と伍していくために、伝統的なB2B企業とはいえ、データに基づくビジネスモデル変革に取り組む姿を対外的に示していく必要があった。

事実、グローバル各拠点を横断するシンプルな組織と標準化された業務、競争の源泉である製鉄所の安定稼働を実現するテクノロジーなど、優れたビジネスモデルを示し続ける一方、顧客との接点にあたる営業活動は各国オペレーションに依存する側面が強かった。EDIやカスタマーポータルを整備する一方、顧客からのメールと電話による問合せによる営業担当者の負荷は小さくなく、改善する余地が多分にあるといえる。

これら要因が複合的に重なり、そのための第一歩として、Eコマース導入を決断した。そして、ECサイト立ち上げの主目的を総括すると以下のようになる。

- “鉄鋼市場No.1 ポジション”の維持・強化

- 顧客ロイヤリティ向上および新規顧客の開拓
- 販売業務の自動化によるコスト削減

成熟したサプライチェーンを持つ同社だからこそ、ECサイト構築を決定した後の動きはとても素早い。フランスにEコマースチームを編成し、テクニカルパートナーをベルギーから選定し、オフショアサイトをモロッコから選定。また同社のSAP関連部署をプロジェクトに組み込み、開始からわずか6か月後の2017年6月にECサイト「e-steel」はリリースされた。

顧客ロイヤリティ向上を感じるサイト

試しに、アカウント登録してECサイトを確認したところ、以下のような特徴を確認できた。取扱製品の特性上、一般的なコンシューマー向けのECサイトと単純に機能比較することはできないが、リアルタイムで在庫状況・配送予定日・配送料含む料金が表示され、アルセロール・ミッタルヨーロッパの、サプライチェーンマネジメントについての成熟を感じさせる。このECサイトの特徴は、次のようになる。

- 在庫状況「在庫あり」「まもなく入荷」「在庫切れ」がリアルタイムで反映される
- クレーンを利用した現場の荷降ろし要否を選択できる
- サイズと重量で配達予定日を自動計算し、注文から24〜72時間で配送される

- 配送センターで集荷することもできる
- 注文後、配送センターの4営業時間内であればキャンセルできる
- 製品価格は定期的に更新され、またボリュームディスカウントもリアルタイム表示
- 配送料はサイズ・重量・配送先により計算される
- 出荷状況、注文履歴、支払情報などを確認できる
- 購入者ごと（ユーザーIDごと）に購入限度額を設定できる
- 24時間365日注文でき、繰り返し注文もできる
- 問合せは、配送センターへ直接電話、もしくはメール送信（注文画面に、電話番号、メールアドレス、対応可能時間が記載されている）　など

また同社は、顧客ロイヤリティ向上に向け、「顧客教育」を重視している。適切な情報提供を通じ、顧客の購買トラブルの未然防止につなげ、アルセロール・ミッタルへの信頼度を高め、顧客の業界内（例えば自動車業界や建設業界）における好意的な口コミの波及につなげるのが狙いだろう。

この取り組みにより、ECサイトリリースから1年半が経過した2018年末時点で、顧客ロイヤリティはNPSベースで20％向上したといわれている。なお、ECサイトからの売上・受注件数・閲覧数などは非公表である。ただ、仏・トゥールーズ市へのパイロット配送からスタートした同社サービスは、ヨーロッパ5か国（オランダ、ルクセンブルク、イタリア、フランス、ベル

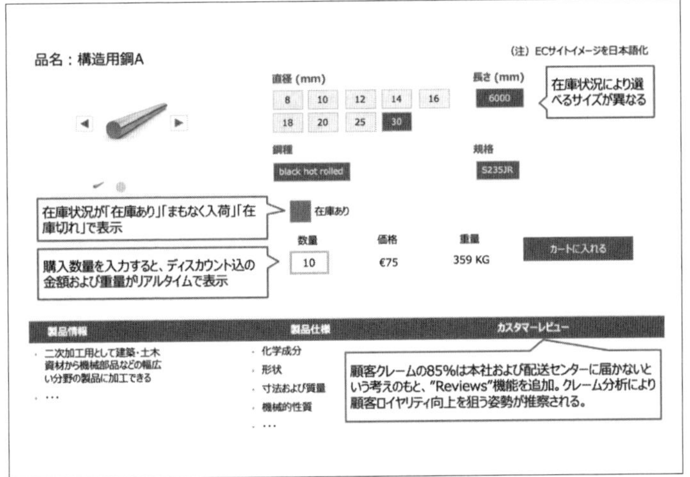

ギー）（2019年5月時点）へと配送先を拡大しており、確実に歩みを進めている。

70億USドル前後の売上で推移する同社にとって、ECサイトによる売上比率はそれほど高くないことが推察される。それは、他の鉄鋼メーカーにとっても当面は同じかもしれない。ただ**他のECサイトによって、既存市場をディスラプトされうるという危機感を持つこと、販売と流通の新しい経路を創造しようと決意し、実行すること、クレームを積極的に拾い顧客ロイヤリティ向上につなげる同社の取り組み、また顧客にとってこのECサイトのエクスペリエンスが標準になりつつあること**は、他の鉄鋼メーカーも意識する方が良いだろう[5][6][7]。

文：SAPジャパン インダストリー・バリュー・エンジニア **鹿内 健太郎**

06

欧州型「顧客中心主義」を日本企業はどう考えるか？

グローバル共通のデジタルプラットフォーム活用によるエクスペリエンスマネジメントが成長と勝利のカギになる

いまや自動車産業は、100年に1度といわれる大変革期に直面している。地域や国によりその深度の差はあれども、地球規模のエネルギー・環境問題とその深刻化を背景に、乗用車・商用車を問わず、脱化石燃料消費、「E：電動化」へのシフトが世界的な潮流となっている。

「S：所有から使用・利用」の変化点は、特に乗用車の新車販売台数に影響し、自動車メーカーや自動車部品サプライヤーの売上を左右する。日本国内の乗用車（軽自動車除く）新車販売市場では、2年連続で、前年対比割れという逆風にさらされている。

そんな中、2018年度、「フォルクスワーゲン」と「ポルシェ」の両社は、自社の持つ世界販売台数の記録を更新した。一般大衆向けモビリティで人気のあるフォルクスワーゲンは624万台、フォルクスワーゲングループ傘下で富裕層向けスポーツカーを提供するポルシェは25万台を達成。両社の販売が好調な理由はどこにあるのか。彼らが実践する、顧客中心主義に基づくエクスペリエンスマネジメントに着目していきたい。

顧客中心主義の意味

自動車メーカーは、ターゲットセグメントに対して、走る・曲がる・止まる、という基本3要素の高度化・自動化、車内空間の快適さ・心地よさ、車外のパートナー企業との連携による利便性の向上したクルマを提供し続けている。そして最近では、自動車産業のメガトレンドを背景に、クルマは単なるモノではなく、顧客の求める価値につながるモビリティサービスを実現し、スマートシティと連携した取り組みが増えつつある。フォルクスワーゲンとポルシェも、自動車メーカーとして、同業他社が取り組む改革や改善には同様に経営資源を投下しているが、特筆すべき点は、経営戦略の最重要テーマとして「顧客中心主義」を掲げ、顧客の視点でタイムリーに問題を把握し、課題解決までの時間短縮を販売会社やディーラーとともに推進できる、エクスペリエンスマネジメントへ踏み出していることである。

エクスペリエンスマネジメントの本質

自動車メーカー本社では、月締め処理後に、月別、グローバル・地域・国・販路・得意先別、車種別、売上高・台数、目標達成率を基幹業務システムのレポートで把握している。

フォルクスワーゲンとポルシェでは、販売実績の結果だけでなく、なぜそのような結果が導き出されたのかを把握できるデジタル情報を活用、顧客や見込み客の体験・生の声をリアルタイムにデータとして把握して、原因分析や社内外の関係各位のアクションに連携。新規購入や乗り換え検討中の人がディーラーに来店すると、当日または翌日にはオンラインアンケートが実行されて、来店客が体験した情報がきめ細かく収集できる仕組みがある。

先日、私はポルシェジャパン主催のフェアに参加したが、翌日、私のメールアドレス宛に、以下の質問事項を含むオンラインアンケートが送信されてきた。回答方法は、質問に応じて、単一または複数の選択肢、順位付番式、度数、テキスト記述形式などがあった。

- アンケートへの同意
- ポルシェとの関係
- 主に利用しているクルマのメーカー・車種
- フェアの認知度、知った経緯・メディア、参加の決め手
- ノベルティの認知度
- 試乗有無・試乗した車種
- フェアの満足度、開催内容ごとの満足度
- 来場によるポルシェに対する印象の変化
- 次回イベントの認知度
- 次回イベントの企画内容に対する印象
- ノベルティへの印象
- フェアで扱ってほしいこと
- 取り扱ってほしいノベルティ
- 知人友人への推奨度とその理由

■ 職業、性別、年齢、居住都道府県

ポルシェが実践しているエクスペリエンスマネジメントの重要なアクションアイテムのひとつがこのオンラインアンケートである。すべての顧客・見込み客とのタッチポイントで発生する「体験」を、極力正確に、継続的に、適切な情報として収集し、顧客が求める価値の仮説・検証・評価・検討・アクションが実行されているのだ。

ポルシェではこのオンラインアンケートを、同一の質問内容で、世界中の顧客・見込み客に向けてそれぞれの言語で実施する。当然ながらアンケート回答には、世界共通の顧客の要望だけでなく、各国市場の成熟度の違い、顧客の文化的背景・趣味嗜好が色濃く現れたものも含まれるはずだ。それらをまず瞬時にまとめて俯瞰し、分析するしくみが動いていることが容易に想像できる。そこで得られたインサイトを次のアクションにつなげていくことも然り。

フォルクスワーゲンのエクスペリエンスマネジメントアプローチは、来店客と直接のコミュニケーションを持つ自社の営業やメカニックの働き方改革の促進も含めたものである。オーストラリアのディーラー網では、現場社員のやる気、モチベーションがあがり、生産性向上と顧客サービスが改善し、過去15年間で最高の成績を残した。傘下のあるディーラーではNPS：ネットプロモータースコア[8]が20ポイント向上した。

フォルクスワーゲン：Qualtrics（クアルトリクス）のプラットフォーム活用による従業員満足度および顧客価値の向上
https://www.youtube.com/watch?v=zY_7ThQRz4g&feature=youtu.be

グローバル化や社会の変化に対応して

成長のピークを過ぎた日本の乗用車の新車市場においても、2018年度、フォルクスワーゲンは2年連続販売台数を伸ばし、ポルシェは9年連続増を達成した。顧客が求める価値に応えるクルマ、サービス、エクスペリエンスを提供できていることが、この販売成績につながったと考えるのが自然だろう。

顧客の期待値や不満を正しく理解するには、提供側の思い込みを極力排除して、顧客の体験をタイムリーにデータとして収集・分析・評価することが必要である。そこから得られたインサイトに基づく対策を、顧客とのすべてのタッチポイントにフィードバックし、速やかに改善アクションまで淀みなく連携できるか否かがビジネスの勝敗を分ける。

また、顧客との直接のコミュニケーションをするディーラーの営業やメカニックのやる気をいかに引き出し、生産性やサービスレベルを上げるか。さらに従業員のエクスペリエンスデータを収集・分析し、職場環境改善のアクションを実行することも、市場での勝率をあげる重要な施策である。

さらに同じVWグループ傘下のブランドでありながら、両社がそれぞれの方法でのエクスペリエンスマネジメントを実践することが非常に興味深い。それは、両社が製品・サービスの強み・特徴に合わせて、それぞれがユーザーに対して最適なアプローチを実践していることを意味する。

欧州自動車メーカーは紙や人手に依存するのではなく、グローバル共通のデジタルプラットフォームを活用してエクスペリエンスマネジメントを実践し、拠点展開しているすべての市場において成長と勝利を追い続けている。日本企業もこの動きを学び、日本企業ならではのエクスペリエンスの捉え方を考えるべきといえよう。

文：SAPジャパン インダストリー・バリュー・エンジニア **山﨑 秀一**

第 5 章

人が人らしく
あるために

Prologue

なんとなく、いまだに日本人の先入観の中にないだろうか？

企業と個人の関係は、企業が上で人が下。企業という傘の下で生きていく（生かさせてもらう）ために我慢をする。我慢をすることを美徳と捉え、自分の時間を切り売りする代償に給料をもらう……。

企業と従業員はパートナーだ。企業の成長の中で従業員一人ひとりの成長を実現するためのコミュニケーションは始まっている。そのためのテクノロジーがある。

先を行く企業は、従業員の本音を聞くことでそれを日々の業務に生かし、さらには新たなビジネスの種を見つけている。プロセスを標準化することで不要な作業をなくし、その分の時間を有効に使い始めている。時間を切り売りするのではなく、個人が価値を出せる「仕事」に注力できる仕組みを作り、パートナーシップ基盤を築いた企業もある。困っている人に手を差し伸べ同じ目標を目指すのを仕事にすることで、自らの仕事の意味を改めて振り返る取り組みもある。

人は達成することで喜びを感じる。仕事の中に喜びや楽しみはあっていいのではなく、あるのが当然なのだ。

テクノロジーは人の力を増幅させる。喜びを増幅させる。

01

自然保護と経済発展。その手段に「ERP」を！

予測が困難で、急激に変化する“自然”への対処。ここにこそ、テクノロジーの活用を考えるべきである

SAPのERPとは何か、と問われると、大多数の人は次に示すイメージを回答するであろう。

- 経営資源である「人」「モノ」「金」を統合管理する、企業の基幹システム用のパッケージソフト（エンタープライズ リソース プランニング）
- SCM（サプライチェーン マネジメント・供給連鎖管理）やCRM（カスタマー リレーションシップ マネジメント・顧客管理）も含む、エンドツーエンドの企業活動をサポートするビジネススイート
- 業務のプロセスと運用に抜本的なデジタル変革をもたらす「インテリジェントエンタープライズ」の実現に向け、多数の企業においてSAP ERP Central Component（ECC）6.0からSAP S/4HANAへ移行中

このように「ERP」は様々な情報を司るツールであるが、実はSAPには、ビッグデータのリアルタイム性を生かしたもうひとつの「ERP」の話が存在する。ここでは、もうひとつの「ERP」－ドローン・データ・IoTを使った野生動物の保護を紹介する[1][2]。

ERP-Elephants, Rhinos & People

アフリカ南部では、1時間に4頭ものゾウが、そして、毎日3頭のサイが殺されている。この現実に危機感を感じて立ち上がったのがgroupelephant.comの参画企業であり、参画企業が出資して設立したNPO法人Elephants, Rhinos & People、通称「ERP」である。

> 「営利目的を超え」ビジネスの力を集結させることが重要であると考えています。ゾウやサイを救い、同時に、それらの命を脅かしている農村地帯の貧困問題も解決したいと思っています」Johnathan Tager, CEO, groupelephant.com and Elephants, Rhinos & People（ERP）

2018年、SAPは「Purpose Led（社会的意義）」を掲げ、ERPの活動をマーケティング広告に採用し、象の写真ポスターを世界中のハブ空港に掲示した。アフリカの野生動物写真は確かに見る人の心を打つ。しかし、野生動物が殺されている原因を捉え、根治的な対処を取らないことには殺戮を終わらせることはできない。Elephants, Rhinos & People、根本原因はPeople、つまり人にあり、それを変えることが必要である。ERP活動が唱える点はそこにある。

密猟の要因のひとつは農村地域の貧困である。サイを殺し、闇市場でその角を売りさばくことでしか生き抜くことができないのが、この地域の農村の実態だ。

この負のスパイラルを断ち切り貧困から脱却させるために、ERPでは、20以上もの不動産開発やエコツーリズムなどのプロジェクトを立ち上げ、人々に生活する術を身につけさせている。

同時に、子供に対するプログラミング教育も行っている。教育水準が低く、数学等の基本的な教科の習得も困難であるのが生徒たちに対し、子供が関心を持ちやすいマインクラフトなどを用いてプログラミングスキル教育を行うプロジェクトである。このプロジェクトでは、プログラミングを学ぶことで同時に基本的な教科の習得も目指している。例えば、ドローンを操縦して星の追跡を行うことを学ぶ際には、角度を学び幾何学を習得させるのである。近年、STEM(Science, Technology, Engineering and Math)教育により、IT社会とグローバル社会に適応しうる国際競争力を持った人材を生み出すことが着目されているが、デジタル時代を生き抜くスキルを身につけさせ、創造性を発揮できる機会を得ることを可能とする本プロジェクトは、まさにその一例といえるであろう。

また、南アフリカでは現在、蜂蜜が不足し、地元で消費される蜂蜜のほとんどを輸入により賄っている状況である。ERPは養蜂プロジェクトもリードしており、不足に対する対処だけでなく、蜜蝋を含む蜂蜜の副産物もビジネス化することで、大きな経済価値を生み出すことを目指している。同時に、ミツバチの巣の柵は、南アフリカの野生ゾウ保護区の防御壁としての役割も果たしている。すなわち「人とゾウの共存」

を図るための手段としても機能しているのだ。

適切な保護をビッグデータ活用で

中長期の野生動物の生存戦略のためには、自らの意思で動き回る彼らを“攻めのアプローチで守る”ことが重要である。

ERPでは、SAPのソリューションおよびgroupelephant.comの参画企業の知見を活かして、IoTとビッグデータを活用する創造的なやり方で密猟対策を行っている。

保護区内のゾウはドローンによりその居場所を捕捉され、監視対象となる。ドローンの画像より密猟者の動きも同時に確認できるため、大きな抑止力として機能すると同時に、様々な証拠を得ることもできる。

また、一部のゾウにはGPSセンサーがつけられ、その移動状況がリアルタイムに確認できるようになっており、履歴がすべて記録されている。そして、蓄積

もうひとつの ERP-IoT技術を使った野生動物の保護活動
https://www.youtube.com/watch?v=nyeaoGvtEVo&feature=youtu.be

されたビッグデータを用いた分析を通じ、適切な保護対策も取ることができるようにもなった。

■ 成果

45,000エーカーの保護区内での密猟	0件
保護区内での密猟の未然防止	20件以上
直接的·間接的な受益者	50,000人

自然災害対策へのテクノロジーの適用

2019年10月に日本を襲った台風19号は本州を直撃し、猛烈な勢力を75時間維持し、広範囲で記録的な大雨を降らせた。その際に各自治体が雨量や水位の計測を行い、ダムの緊急放流や放水路の稼働、貯水池への流入などの対策を行って河川の氾濫等を防いだことを記憶している読者も多いだろう。一方で氾濫による被害の爪痕も大きかった。そのひとつ、神奈川県川崎市武蔵小杉では地中排水管に雨水が逆流し浸水被害が起きてしまったが、これは水門制御において多摩川の増水と地中排水管の水量のバランスの判断が困難であったことが原因のひとつとされている。

このような、予測が困難でかつ急激に変化する自然に関する「リアルタイム」「大量データ」の扱いこそ、ERPのケース同様、テクノロジーを有効活用すべきものといえるだろう。計画的な保全・保守にとどまらず、リアルタイム分析を通じた予知型分析・対処を図ることで、社会インフラの保全・効率的利用は大幅に高まるのである。高度成長期に建造され、老朽化した社会インフラを抱える我が国にとっては、IoTとビッグデータといったテクノロジーの活用による抜本的な保全の仕組みの見直しが急務であるといえよう。

2019年9月、SAPジャパンは、社会課題解決に向けたThought Leadership活動のためのシンクタンク「SAP Institute for Digital Government／略称：SIDG（シッジ）」を設立した。現在の社会課題は、様々な要因により複雑化しており、公共機関のみ、1企業の取り組みだけで解決できるものではなくなっている。すなわち、「協力して起こすイノベーション」が重要である。

SIDGはエコシステムを活用し、民の力を官に生かし、官の政策に沿って民がビジネス創生する。こういった日本型のデジタルイノベーションのフレームワークを使って、官民共創によるデジタルガバメントの実現を目指していく必要がある。SAPジャパンは既に、公的機関、イノベーション企業と協業して様々な取り組みを開始している。今後の活動にご期待いただきたい。

「人は、どうしてその仕事をするのでしょう？そして、なぜ生きるのでしょう？

私は少なからずこう思います。その目的は、私たちが見つけた場所の将来をよりよくすることであると」

Quintin Smith, partner, groupelephant.com, and director of Elephants, Rhinos & People（ERP）

文:SAPジャパン インダストリー・バリュー・エンジニア **横山 浩実**

02

トラック運送業界の課題。運転手の"働き方改革"へ

狙いは、企業とトラック運転手を同時に幸せにすること。クラウドサービスの構築が、"時間"の活用を変えていく

トラック運送業界に働き方改革の動きが出てきている。まずぜひ下のQRコードの先のビデオをご覧いただきたい。このビデオで語られているUber Freightは、タクシー業界に新風を巻き起こしたUberのトラック運送版である。2017年にアメリカでサービスを開始し、ヨーロッパに展開、すでに1万人以上の運転手が登録し、年間500億円以上の規模に急成長している。映像に登場するUber Freightを利用するトラックの運転手は、自由な時間と収入のバランスを取り、生活の質向上を実現している。

トラック運転手の働き方改革—Uber FreightとSAP
https://www.youtube.com/watch?v=1wwIjaUCuus

これだけ生活の利便性が高くなった昨今、トラック運送は生活の要である。ビデオに登場するティファニーの「トラック運転手がいなければ世界は崩壊する」という言葉は、力強くプライドに溢れており、世の中を変える原動力はきっとこのようなところから生まれるのだろう。

運送会社の現状を知り、解決の道へ

トラック運転手は、平均で4時間、長い時には10時間の待機が発生し、契約が複雑であるため効率的な積載や輸送にも限界があって、長時間労働を余儀なくされている。その状況を改善する道はなかなか見えていない。数字の面で見ると日本のトラック運送業界においては一般的に以下のような課題がある[3]。

1. **低い積載率**：平均で約40%(60%分は空のまま運行)。
2. **多くの書類と固定的な契約**：キロトンを基本として荷姿や取扱条件など複雑で固定的な契約。新しい契約を締結するためには多くの労力が必要となる。
3. **長時間労働**：年間2,500時間(全業種の平均の約1.2倍の労働時間)。
4. **人材不足**：有効求人倍率は2.68(全業種の平均の2倍)。

これらに加え、燃料費の高騰、若年人口の減少、安全運転への規制の強化と、課題感は強まるばかりだ。このような環境の中、トラック運送を行う企業や個人と、配送を行いたい企業をより柔軟に幅広くマッチングすることで状況の改善が期待できる。

トラック運転手は、自分のスマートフォンを利用し、多くの企業からの運送依頼を確認できる。それぞれの運送依頼の場所や指定日時、荷姿や条件を確認した上で、自分で仕事を選ぶことができる。また、これまでは運送の帰りは空のままで運転することも多かったが、帰りに他の仕事をすることもできるし、“待ち”であった時間に他の運送を行うこともできる。さらに、契約にともなう諸々の書類上の処理もシステム上で行われるため効率化される。このような新しいトラック運送の業務の進め方によって、トラック運転手を取り巻く現状の課題解決が期待される。具体的には、①待ち時間の短縮化、②帰り便を含めた積載率の向上、③ペーパーレス化による契約処理の時間短縮化、これらの結果として④長時間労働からの解放。そして、より自由な働き方ができる魅力によって、将来的には人材不足の解消にもつながると考えられる。

運送会社を選ぶ、企業側のメリット

ここで、もう一方の視点、トラック運送を必要とする製造業などの企業の側から見る。

トラック運送業界では、2016年10月の改正物流総合効率化法において、効率化を目指した共同物流の方向が示されている。他の複数の企業と協力して、より効率的な物流を狙っているわけだが、共同物流化の反作用として、物流の柔軟性低下が想定されている。ひとつの企業の独自物流網よりも複数の企業の共同物流のほうが、効率は良いが柔軟性は低いということだ。しかし、Uber Freightのように柔軟な依頼ができるトラック運転手が加わることによって、特急オーダーなど、急な変更に対しても対応できる柔軟性が得られることになる。効率性を高める共同物流と、柔軟性を高める個別のトラック運送の依頼を組み合わせることで、効率的で柔軟性のある物流ネットワークを作り上げることができるのだ。特に昨今、気候変動や地震などによる需要の急激な変動、海外での禁輸措置などにより、運送における柔軟性の重要度合いはますます高まっている。

さて、このような新しい取り組みには、当然のように新しい懸念も生まれる。トラック運送を依頼する企業は、最初に、サービス品質を懸念するだろう。例えば、時間通りに運んでくれるか、運ぶ物は劣化しないか、といった点だ。このような懸念には、類似の例としてUberを考えるのが良い。アメリカでUberを利用した経験のある方であればご存じの、「クーラーは寒くないか？」「飲み物はいるか？」など、Uberの運転手はタクシー運転手を超える高品質なサービスを提供していることが多い。

この高品質なサービスが行われる理由は、依頼ごとに相互で評価が行われるからだ。Uberの利用者は利用直後にそのサービスの品質を評価し、運転手を選ぶ際には過去の評価が表示される。高い評価を得られない人は淘汰され、高い評価を得る人はより多くの仕事を得られる仕組みになっているのだ。

このように、サービス品質に対する評価がされることによって、通常のトラック運送を超える形で、個別のトラック運送も実現される形が目指されている。

また、依頼をする企業は、通常の計画済みの運送と、ここで論じている都度依頼の運送を統合的に計画し管理することが必要である。

すべてのトラック運送が従前の仕組みだけで行われることも、新しい都度依頼の運送だけで行われることも現実的ではなく、これらは混在する。従前の自社で行うトラック運送の状況は管理しているが、都度依頼の状況は把握できないという形では、全体としての品質管理に問題が生じる。計画に変更がでた際には都度依頼も含めた最適なトラック運送を即座に手配できることが求められる。

その仕組みを担保するために、SAPとUber Freightは共同でクラウドサービスの構築を進めている。多くの企業の輸送計画や、管理のシステムとして使われているSAPシステムで、従前の自社トラック運送の計画や管理を行いつつ、都度依頼のトラック運送が適した際には、そのままUber Freightを通じて運送の計画や手配、管理を行うことができる。それにより企業は、これまでのトラック運送の品質を維持したまま、より柔軟性を高め、急な需要の変動に対応することができる。

仕事をデザインして、生活を豊かに

何よりもっとも大切な視点は、トラック運送担い手の働き方改革につながる点だ。企業がトラック運送の都度依頼を行いやすい環境が整うことで、トラック運転手はスマートフォンで仕事をすぐに見つけ、空き時間を減らし、積載率を高め、契約の手続きを効率化し、結果的に労働時間の短縮がもたらされる。仕事を自分でデザインし、自分の生活を豊かにすることができるようになる。

余談ながら、当社では15か月間の長期インターン生を受け入れている。その中の一人の学生は「Uber Eatsでもアルバイトをしている」という。「Uber Eatsって、どうなの？」と聞くと「自由な時間に自分のペースで働けるから良い。自転車も時間貸しのレンタル自転車を使っている」とのこと。また「アプリを立ち上げてなければ新しい仕事がこないため、仕事のオンとオフが明確に分かれている点も良い」「すぐに戻ってくる利用者の評価や、あと何件で目標達成などのゲーム感覚も楽しい」のだそうだ。

働く人たちの価値観は確かに大きく変わってきている。働きたい時間に働き、提供したサービスに対して即座に評価が戻ってくるようになっている。そのような新しい形での、トラック運転手たちの働き方改革の今後に注目している。

文：SAPジャパン センター・オブ・エクセレンス **桃木 継之助**

03

新たな差別化が生まれる顧客体験

カスタマーファーストでのきめの細かい即時対応。このデータを活用すれば、大きな効果が生まれてくる

カスタマーエクスペリエンスやユーザーエクスペリエンスという言葉を一度は耳にしたことがあるだろう。IT業界のみならずビジネスの現場においても、その重要性が昨今活発に議論されてきた。

商品やサービス自体の金銭的価値ではなく、それらの購入や利用過程・体験を通じて、**消費者に対しポジティブな感覚的価値・体験をいかに提供できるか**が、競合との差別化施策として重要視されるようになったのだ。

最近では、一般消費者としての顧客だけではなくサプライヤーや従業員も、企業にとって優れたエクスペリエンスを提供すべきステークホルダーと考えられるようになったのは、エクスペリエンスの優劣が経営全体に与えるインパクトが決して小さいものではないからだ。いくつかその例を紹介する。

- **売上向上：86%の消費者**は、**良いカスタマーエクスペリエンス**の結果、より多く購入をする傾向がある
- **新製品開発の成功率の低下**：新製品開発に成功した96%の企業は製品コンセプトテストを実施しているが、そのうち**約半数**しか定期的に行っていない

（**プロダクトエクスペリエンスの把握不足**）

- **ブランド好意度、ロイヤルティの低下**：好きだったブランドでも、**たった一度の悪い体験**で、**3分の1の顧客**がそのブランドから離れていく
- **優秀な人材の維持・確保**：従業員満足度調査の結果を基に企業内プロセスや働き方に改善が見られた（**良い従業員エクスペリエンス**）と感じる従業員は、そうでない従業員と比べて、**4倍離職率が低い**

なぜ起こったのか理解できているか？

モニター調査や製品コンセプトテスト、また従業員満足度調査を通じて、我々もステークホルダーの一員として企業に頻繁に声を届けている。それらの声を軽視する企業など、現代ビジネスの世界ではほとんど存在しないはずだ。

一方で、企業は売上やコストの状況に応じて、様々な改善活動も常に行っている。日々のオペレーションで発生する業務データ（＝**何が起こったのか**）に対する分析に基づいた改善策を実行しているのだ。では、ステークホルダーの声と業務データを結びつけて、改善のオペレーションを日常的に行っている企業はどれほどいるだろうか？

ステークホルダーの声とは、ポジティブであろうが、ネガティブであろうが、なぜそう思ったのかという生々しいデータといえる。つまり、そこには「**なぜ？**」起こったのかという、改善策の立案にあたり最も重要

なヒントが隠されている。「なぜ？」を日々のオペレーションに取り込まずに改善策を模索するやり方は、過去の成功体験または企業側の想像にとらわれたもので、人々の思考・行動に多様性や激しい変化が見られる現代においては、**もはや成功確率がどんどん下がっていく非効率なもの**かもしれない。

これまで企業は、業務データ（**O**perational **Data**。**以下O-data**）を基にPDCAサイクルをまわしてきたが、その前段階として、エクスペリエンスデータ（**Ex**perience **Data**。**以下X-data**）をつぶさに取り込むことが、改善の成功確率を高める最善策と考えられるのではないだろうか。

客数減のLCCに、改善策はあるか？

jetBlue Airwaysは格安航空会社の中でも、機材の新しさや良質なサービスの評判により、1999年の設立以来収益を伸ばし続けている航空会社だ。アメリカ東海岸に強く、アメリカ国内線とカリブ海の島々を結ぶリゾート路線の充実が大きな特徴である。

顧客とのコミュニケーション戦略としてデジタルとソーシャルネットワークの活用を中核に据え、TwitterやFacebookを年中無休、24時間体制で監視するなど、顧客の声を大事にする会社でもある。

そんなjetBlueで、フィラデルフィア発の早朝便の売上が伸び悩んでいることが発覚する。さてどんな改善の手立てがあるだろうか？ チケット価格を下げる？ 新規のマーケティングキャンペーンをうつ？ ところが、顧客の声を聞いたjetBlueは意外な事実を知ることになる。

「搭乗ゲート近くで早朝に開いている売店がなく、不便」。早朝便なので家で食事を取ってくる時間がない。空港でちょっとした飲み物ぐらい購入したいがそれができないので、この早朝便は選択しないということだった。結果、搭乗時に無料の飲み物を配るサービスを始めたことで、売上は順調に伸びていったそうだ。売上が落ちたという業務データからだけで類推した改善策では、このケースのように「**なぜ？**」を踏まえた策と違って、目的を達し得ない見当違いなものになっていたのかもしれない。

2019年にSAPファミリーの一員となったQualtrics社は、①**顧客の声を収集**し、②そこから**インサイトを抽出・提示**、③**改善アクションを促す**ための**エクスペリエンスマネジメントプラットフォーム**を提供している。SAP S/4HANAをコアとしたSAPソリューション群は、企業のEnd to Endのビジネスプロセスをカバーし、発生する**O-data**を一元的に管理・活用することに強みを持ってきた。Qualtricsの買収により、**X-data**をビジネスプロセスに取り込み、**O-data**と組み合わせたPDCAサイクルをまわすことで、**改善の成功確率を高める最善策を打てる包括的なビジネス基盤をSAPは提供できるようになった**といえる。

jetBlueは、このQualtricsソリューションを活用して、顧客や従業員の声を日常的に取り込み、そこから得られるインサイトを瞬時に分析、即座に改善アクションを打つことで、**優れたカスタマーおよび従業員エクスペリエンスを提供することに成功**している。

> 「我々は企業主導ではなく、お客様の声（VOC）主導の組織になるよう日々努力している。お客様の貴重な時間をかけて意見を求める際には、その声がお客様の実の利益に繋がるよう、企業として忠実にインサイトを分析するし改善する必要がある。Qualtricsのような革新的なパートナーなしでは、それを実現できなかった」DANNY COX, DIRECTOR OF CUSTOMER SUPPORT & INSIGHTS, jetBlue

革命による実際の経営効果

- **達成した年間コスト削減額 300億円**～ O-dataとX-data、ブランド認知による購入起因を組み合わせ、分析した結果、最もコスト削減に影響のある分野

ジェットブルー航空：Qualtricsを活用したエクスペリエンス革命
https://www.youtube.com/watch?v=u6Id5_acJtA

を特定でき、顧客満足度に悪影響を与えることなく、大幅なコスト削減に成功した。

- **改善したネットプロモータースコア(NPS)13ポイント**〜 NPSとは、顧客ロイヤルティを測るための指標だ。jetBlueでは、お客様と従業員の満足度データを合わせ、改善点の分析を行った結果、クレームに対し、従業員がより効率的かつ効果的に対応することで、解決までの時間を大幅に削減し、顧客ロイヤルティを大きく改善することができた。
- **単年度での年間増収額 400億円**〜 ROIを試算したところ、より良いカスタマーエクスペリエンスを提供できた結果、100億円の増収に繋がったことがわかった。また機内の座席間の幅に関する特定の調査・分析の結果、飛行機1機あたり、15席ほど増設しても、NPSに影響を与えることなく、3億円の増収にも繋がった。

jetBlueは、「人間性を養い高めること」をミッションとして掲げており、人を最大の強みと考え、顧客との健全な関係を築くことにフォーカスしている。お客様の声をリアルタイムにフロント(現場)に届けることで、カスタマーファーストのきめの細かい即時対応を最優先として考え行動してきた結果がこれらの経営効果に繋がったと考えられる。ビジネスで発生する様々なデータを企業経営に活用するという意味において、時代は新たな差別化要素をもたらすための次の段階に来ているといえるだろう。

文:SAPジャパン インダストリー・バリュー・エンジニア **吉岡 仁**

04

施設利用者の声を活かして次のエクスペリエンスに

利用者目線で考え、実際の利用者の声を真摯に聞き取る。その中で、日々の業務価値や意味を改めて見直していく

大きな施設を持つ組織にとって、その施設を維持することは定常的な業務である。施設を造る人やそれを維持する人は、利用者を意識して活動を行っているものの、実際に利用した人々の声を聴く機会は多くないことが実態であろう。

声を反映させ、利便性を追求する

そのような中、施設の管理に利用者の声を確実に取り込む工夫を行う組織がある。世界最高峰の大学のひとつマサチューセッツ工科大学（以後MIT）だ。MITが行ったことは主に2つ。①施設管理に利用者の声を反映する仕組み作り、②さらなる利便性を追求するために最先端技術を組み合わせた駐車場建設だ。施設の管理と駐車場の運営という普遍的なテーマであるが、そのアプローチが独自であり、大学だけに限らず応用しやすいところが魅力的なので紹介する。

①　利用者の期待に応える施設管理

MITの施設は、敷地面積168エーカー（東京ドーム

10個超の大きさ)、端から端まで長いところで2kmを超える中に、100個を超える建物を有する。これだけの広大な施設の維持には明確なルールと運用が必要だ。具体的には以下の5つの業務によってその維持を行っている。このうち1. 2.は以前から行っていたことで、業務の効率改善のために3.を、そして今回4. 5.の取り組みを始めた。

1. 計画的な定期メンテナンス
2. 不具合に気づいた人がメンテナンス依頼を登録
3. 保守要員はモバイル端末を持ち、1.の計画ベースと2.の依頼ベースのメンテナンスを効率的に実施
4. メンテナンス実施後、自動的に依頼者にアンケートを実施
5. アンケート結果が悪ければ再度メンテナンス状況を確認。メンテンス実施者の評価にも活用していく

この4. 5.の取り組みを通じて、現在では年間2,000件のアンケートの回答が得られるようになっている。回答者の平均満足度は5点満点中4.8点。回答率は11.3%。数字だけだと低いと感じられるかもしれないが、以前は0.1%だったので今回の取り組みによって100倍になっている。そして、この高い満足度が表すように、利用者にとっても大きな変化になっている。

回答率アップとしてベースにあるのが、利用者の声が確実に活用されることが仕組み化され、利用者の信頼を得たことである。アンケートに回答する人にとって、その結果が反映されるかどうかは重要であり、せっかく答えても結果が活かされないのであれば、答えるモチベーションがなくなってしまうことは想像に難くない。その仕組みを担保するのは、まず設備の状況やメンテナンスの依頼を管理するシステムがあり、加えて利用者からの声を管理するシステムが一体化されていることである。

例えば、メンテナンスの依頼があれば、修理担当者のモバイル端末に即座に依頼の詳細が届きメンテナンスを行う。そして完了すれば自動的に依頼者にアンケートが送られる。もしも依頼者がその結果に不満足であれば修理担当者が再度現地に赴き対応を行う。このアンケート結果は修理担当者の評価にもつながるので、利用者の満足を第一に対応が行われる。つまり、システムとルールによって、利用者の声が確実に反映される仕組みとなっているのだ。

過剰作業を避け、本質的な保全を優先

このシステムの中心はどのようなものか。その中身はSAPシステムによる基幹業務システムの設備保全の機能と、経験を管理するSAP Qualtricsの機能だ。より具体的には、SAPシステム内で設備の保全通知が完了ステータスとなると、依頼者に対して自動的にSAP Qualtricsのアンケートが送付され、回答取得後はアンケート結果と設備の保全通知の情報を組み合わせて利用できるようになっている。設備の情報、設備保全

の作業情報、顧客の声の情報、これらが統合的に揃っていることで、利用者視点を加えた保全計画の見直しを行うことも可能だ。過剰な保全作業を避けることもできるし、利用者にとって本当に重要な保全を優先することができる。

② さらなる利便性を提供する最先端技術を組み合わせた駐車場

①の例では利用者の声を確実に活かす方法を紹介した。この利用者の視点を重視しつつ、最先端の技術を組み合わせることで、高い利便性を実現することができる。先に紹介したように、MITの敷地は広大で端から端まで最大2kmあり、利用者にとってその日の教室に近い駐車場探しは重要だ。

MITでは学生管理システムと駐車場管理システムを連携し、学生が車両のナンバーやクレジットカード情報を事前に登録しておくことで、簡便に駐車場を使うことができる新サービスを施行済だ。具体的には、Web上で空いている駐車場を探して予約。駐車場への入退場の際にはナンバープレートの自動読み込みによってキャッシュレスで利用することができる。駐車上の出入り口のカメラがナンバープレートを自動で読み込み、クレジットカードで決済される仕組みだ。

MITでは学生向けに専用のモバイルアプリケーションを提供しており、例えばAppleのApp Storeから簡単に入手ができる。①で紹介した施設の不具合の登録もできるし、シャトルバスの検索、各種イベントの検索などもできる。またWeb版の学生向けアプリケーションも提供されており、そこではより複雑なサービスを受けることができる。駐車場の検索や決済に必要な情報などは、このWeb版のアプリケーションで提供されている。とはいえ利用者にとって簡便な仕組みでも、実は裏側の仕組みは決して簡単ではない。なぜなら、連携するシステムが、学生管理、駐車場管理、車両のナンバー情報、クレジットカード情報、駐車場の物理的な機械、と多岐にわたるからである。これらをAPI駆動形連携という手法でつなげることで、システムの連携をより柔軟に実現している。

体験をデータ化して適切なサービスに

ここまで紹介した、2つの取り組みのそれぞれの工夫のポイントを以下にまとめる。

設備の維持における工夫：

- 設備保全はとかく過剰に行いがちで、マニュアルなどで定型化すれば品質が良くなるが、細やかさに課題が出てくる
- 各自の工夫を活かそうとすると属人化して品質が不安定になる
- 発想を転換して利用者の声に基づく施設メンテナンスを行えば適切なサービスレベルに持っていくことができる

駐車場探しにおける工夫：

- 駐車場管理システムと接続すればモバイル端末で

空き状況を把握できる

- ユーザー登録時にナンバープレートやクレジットカード情報を登録し、ナンバープレートを画像認識すれば、自動引き落としができるが、駐車場という物理的な設備のため多くのシステムが関係することになる
- 複数のシステムを個々に接続する形態よりも、それぞれに窓口を設けそれを連携するAPI(アプリケーションプログラム・インターフェイス)連携という手法により柔軟性を担保することができる

ちなみに本稿の新サービスについては、2014年にMITとSAPで「都市部における駐車場問題」を模索するデザインシンキングのセッションが行われたのが最初のきっかけだ。利用者の視点で駐車場を探し、利用する場面に徹底的に共感することから新しい施策は生み出された。また、MIT出身の同僚に聞いたところ、最近ではここで紹介した内容に加え、各授業が終わったときに授業の評価のアンケートの取得も行われているとのこと。施設の管理だけでなく、そこで提供されるサービス、MITであれば、授業についても学生の声を反映して、よりレベルの高い、学生が満足する授業に教授が工夫し発展していくのであろう。実際の利用者の声を徹底することで、利用者がより良いサービス経験を得るだけでなく、そこで働く人々も、日々の業務価値や意味を改めて見直し、満足を得ていくことができているようだ。

文:SAPジャパン センター・オブ・エクセレンス **桃木 継之助**

05

自らの目的と使命を考え、仕事に取り組む喜び

「働く」意味は、どこに？ 日々の業務は、何のために？ 仕事の質を高め、喜びを見出すために、振り返ろう

2020年となり、新しい10年が始まった。年初ラスベガスで開催されるCES（コンシューマー・エレクトロニクス・ショー）は、世界各国の企業が新しいコンセプトを表明する場として注目を集めている。今年CES 2020の最初のキーノートはサムスン。「2020年代はAge of Experienceになる」と宣言した。「マクロな課題だけでなく個人それぞれのライフスタイルを理解し、個人それぞれのニーズに対応する体験こそが重要である」と表明したのだ。

顧客の体験が重要であることは、売上増を目指すメーカーの取り組みとして首肯できる。しかし「人」は、「顧客」だけではない。その「顧客」を取り巻く様々な人々、すなわち、製品を設計する人、生産する人、届ける人、原材料を供給する人、導入サポートする人、修理する人……など、1つの事象、1つの商品、1つのサービスを取り上げても、様々な人々が関与して初めて成立する。

その時、各人が遂行する仕事に「心を込める」意味はあるのか。「人の体験が重要」なのは本当だろうか？

2018年年初、多くのSAPジャパン従業員は新鮮な

体験をし、自らの仕事の目的や使命を考え直すきっかけを得たので共有したい。

SAPジャパンが体験・共有したこと

その日は2018年年頭の従業員総会だった。通年は、大阪他の支社にも同時ビデオ配信されるのだが、今回はできる限り、東京本社に集まるようにとの指示があり、従業員の約半数が麹町の本社ビルに集合した。会場の入り口でランダムに指定席券が手渡され、ほぼ初対面の3名1チームで着席した目の前に、「指示があるまで開けるな」と書かれたポーチと、何かの作業指示書が置いてあった。

なるほど、従業員全員を対象とした何かの研修を実施するのか……、だから東京に集まれ、という大号令があったのか……、と理解した。

外部講師とおぼしき、ビル・ジョン氏の指示に従って、パッケージを開封。中には、茶色のプラスチックや金属性の重り、細いピンやバネ、精密作業用の六角レンチ数種類、などなどが入っていた。特にクワガタムシの大顎のような部品が目を引く。

この部品群は何だろう? とにかく、作業指示書に従ってチームの3人で組み立て始めた。大顎を交互に組み合わせて、ピンで留めて……。

何ができるのだろう? どんな意味があるのだろう? これは何の研修なのだろう?

作業が10分ほど経過したところで場内が暗転し、

ビルが参加者に、あるビデオを見せた。

「先天的に、あるいは地雷や爆撃、事故などで手の機能を失ってしまった人々が30万人以上いる。私たちは、できるだけ多くの方々に、『手』を届けたい。今、あなた方が組み立ててくれているのは、200体の『手』なのだ」

スクリーンには、茶色のプラスチックの「手」によって握手をし、筆記具を掴んで書き、歯ブラシを使い、スプーンで食べ、自転車に興じる老若男女が……。

皆、本当に嬉しそうにしている。手が使える、ということが、自助によって生きる、ことと同義だと気づいた。

そうか！ 自分たちは研修のために作業をしているのではないのだ。彼らが日常で実際に使う『手』をボランティアの一員として作る、という崇高な使命を授かったのだ。そう理解した。

作業の『目的』を『使命』だと認識した時、会場の空気がフッと変化し、熱を帯びた。

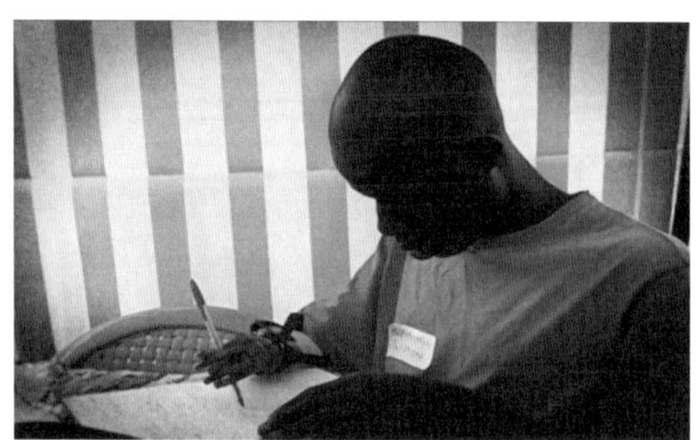

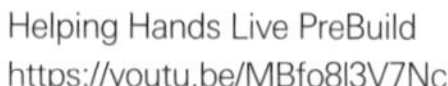

Helping Hands Live PreBuild
https://youtu.be/MBfo8l3V7Nc

Odyssey Teams, Inc.のPresident & CEO,
ビル・ジョンとSAPジャパンの参加者で記念撮影

作業をしながら湧き上がる感動

疑問と不安が湧き上がる。素人でも本当に日常生活に耐えられる『手』を作ることができるものなのだろうか!? まさに今、組み立てている私たち自身半信半疑だった。

目的と使命を認識することで、おのずと組立作業は慎重になった。細い金属ピンやネジで、部品群は義手の表面から飛び出さず埋め込むよう指示されている。使用者が怪我しないための配慮だ。部品を一つひとつ取り付けつつ、使う人のことを思い浮かべながら表面を丁寧になぞって、正しく部品が装着されていることを確認しつつ進める。

初めての人でも組み立てられる義手

はじめにクワガタムシの大顎のように思った部品は、人工指だった。3本の固定指と可動式の2本の親

初めての人でも
組み立てられる義手

指でものを挟むことができる。挟んだものはしっかり保持される。この構造なら筆記具でも自転車のハンドルでも持つことができる。そして義手の手首を少し曲げることで手がぱっと開くトリガーとなる。挟むのも放すのも容易な操作で動作する。これなら手としての基本機能を代替してくれる。優れた設計だ。

そのほか、義手を腕に取り付けるベルトや、義手を取り付ける腕の先端が擦れて痛くならないためのクッションなど、様々な製品デザイン上の工夫を見てとることができる。主に樹脂製の部品はこの義手専用に設計されたものだが、ピンやバネ、組立用の治具は安価に入手できる汎用品だ。

また、この義手は機能性、使用者への配慮に満ちており、ペーパーマニュアルだけで素人でも短時間で組み立てることができる。非常に優れたデザインで製品設計されていることがわかり、完成品に触るだけで感動が押し寄せてくる。

一般的に「義手」は高額である。国内で流通しているドイツ製筋電義手は、150万円。安価に抑えたといいつつ、国内製でも40万〜50万円から……という価格設定。30万人に届けたい……という理念の実現には、この価格が大きなハードルとなる。

実はOdyssey Teamsでは、この義手キットを外販している。1体295米ドル。価格破壊ともいえる値付けだ。しかも、個人でも発注可能である。

「何のために仕事をしているのか」

受講したSAP従業員の一人である筆者も、この「『手』を作る」という作業が、様々なことを深く考える契機になった。特に、「手がない方が、心から必要としているものは何か」という「顧客中心主義」について再考できたのは大きな収穫だった。

もちろん「仕事の目的を理解した時の喜び」についても忘れることはないだろう。目的と使命を理解することで、単なる作業が質を伴ったものに昇華される実感を得たのは大きい。その時の気持ちを忘れないように、従業員証ストラップに研修受講票の代わりにもらったキーチェーンをぶら下げてある。

記念にもらったキーチェーン

記念にもらったキーチェーン

SAPジャパンは従業員各人に、「あなたは何のために仕事をしているのか。自らの目的・使命を今一度、考えてほしい」という問いをこの研修に込めた。以後、私たちは、年次目標に、自ら熟考した個人の目的と使命を設定するように求められている。

「何のために、という目的と使命を認識することで、仕事の質を高め、喜びを見出してほしい」

こういった、会社からの強いメッセージを受け止めて、本項を執筆した[4]。

文：SAPジャパン インダストリー・バリュー・エンジニア **古澤 昌宏**

06

SAPの業務ソフトウェア導入。この真の目的とは？

プロセスとルールをツールで可視化・管理することによって、マネジメント手法を変革すれば、現場のすべてが変わる

未だに「SAPのライセンスを買えば業務標準化ができる」と思う方もいるかもしれないがもちろん、決してそうではない。SAP社自身は、もちろん会計、人事、購買調達、経費精算、営業、マーケティングなど全業務領域でSAPソリューションを活用しているが、組織体系や業務プロセスを、ドイツSAP本社および各国現地法人で標準化させ、さらにそれを定着化させるには、事実、相応の時間と労力がかかっている。

SAPは、クラウド時代の到来を見越して、2011年のクラウド人事管理ソフトウェアSuccessFactors買収を皮切りに、コアとなるERP周辺の代表的クラウドソリューションを順次買収することで、自社のクラウ

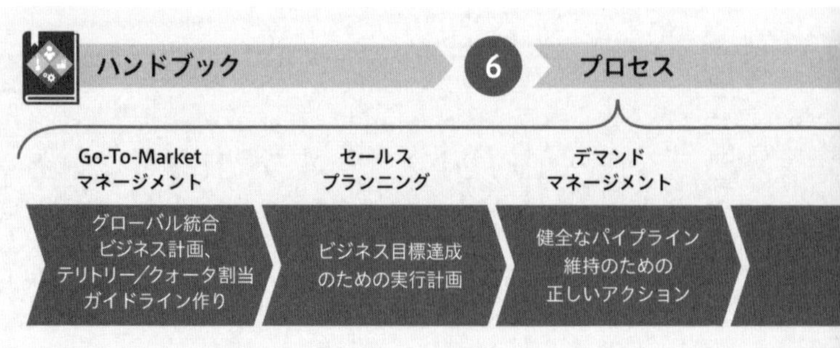

ドビジネスポートフォリオを強化し、ビジネス基盤を強固にしてきた。しかし、クラウド戦略にシフトした当初は、買収したそれぞれの企業が最適と考えてきた従来の営業マネジメント方法を許容していたため、SAP本社で確実に管理できていたのは予実管理のみであり、決算前には正確な営業売上を予測することに苦労してきた。程なくして、あらゆるソリューションの市場への展開スピードを速め、国ごとの営業部門の営業売上予測を可能にし、各営業部員の生産性を向上させるという経営トップの強い意志の下、Franchise for Success（**フランチャイズ フォー サクセス、以下F4S**）という名の営業メソッドとツール類を、すべての販社に展開・定着させる取り組みを開始した。

営業改革「F4S」の6プロセス

F4Sは、「**フランチャイズ化された成功手法**」と訳される。これは、SAPがグローバルで蓄積してきた『**標準営業業務オペレーション**』と『**ベストプラクティス**』

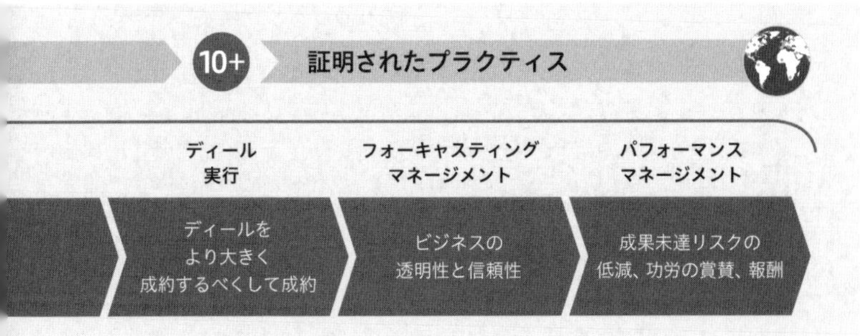

10+ 証明されたプラクティス

ディール実行
フォーキャスティングマネージメント
パフォーマンスマネージメント

ディールをより大きく成約するべくして成約
ビジネスの透明性と信頼性
成果未達リスクの低減、功労の賞賛、報酬

で構成され、すべてのプロセスとルールがマニュアル化されているだけでなく、プロセスごとに**モニターすべきKPI（Key Performance Indicator：重要業績評価指標）が定義されている**。それらを各種ツールで可視化・管理することにより、経営と営業マネジメントだけでなく、営業現場の働き方の変革も視野に入れている。

F4Sでは、以下6つのプロセスが定義され、さらにそれぞれに必要なルールとツールがこれまで証明されてきたベストプラクティスに基づいて定義されている。さらに実施するケーデンス（会議体）の目的・頻度・時期・出席者・使うツール・そのケーデンスのアウトプット、各プロセスが順調に推移しているかを測るKPIとそれを可視化できるツールも提供されている。

1. **Go-To-Market**：各国でのそれぞれのソリューションの市場展開戦略と予算策定プロセス。このプロセスのアウトプットとして、国ごと、製品ごとの予算の数字を確定し、全営業各人の個人および部門ターゲットを策定。
2. **Sales Planning**：顧客ごとの販売戦略策定プロセス。このプロセスのアウトプットとして、顧客ごとに目指すターゲットを確定し、いつ・どのような営業活動を実施しているかを定期的に計画・進捗管理するプロセス。
3. **Demand Management**：ソリューションごと、部門ごとに、営業各人が安定した売上を継続するために必要なパイプラインの総量と質をマネジメントするプロセス。各営業部門は、マーケティングやプリセールス、事業開発部門と連携し、引き合いやパイプライン総量を増加させつつ、質を向上させ続けるプランを策定する。

4. **Deal Execution**：各案件を成約するために必要なステップを見える化。その内容をレビューし、必要アクションを特定することで案件の成約率向上を目指す。
5. **Forecasting**：営業売上予測（フォーキャスト）の管理。予算を達成することが最重要となるが、その予測の正確性（Predictability）もKPI化。
6. **Performance Management**：営業個人、各部門、各ソリューションの予実と上記5軸の健全性を総合的にレビューするプロセス。

F4S日本展開と営業改革の成功要因

日本でのF4S展開は、2014年後半にF4S伝道師役として本社から派遣されたキャシー・ウォードが、当時の日本の経営陣、営業部門長らにトレーニングしたことで始まる。しかし実際に定着へと進んだのは、キャシー自身が2016年から2年間、SAPジャパンCOOとして在任し、F4Sを活用したオペレーションを主導したことがきっかけだった。具体的には、マニュアルにあるケーデンスを当時の経営陣とともに忠実に遂行し、実際に使いながらグローバル発のF4Sを日本の現状に適応させていくことで、本当の意味で日本人の営業部門長にF4Sを腹落ちさせ、定着させていった。

実際、F4Sが定着するのには数年かかっている。その成功要因は、CEO、CFO、COO、CIOがチェンジオーナーとなり、**ルール・プロセス・組織・ITの「四位一体」**で成り立っているF4Sを、すべての営業組織にとっての、真のマネジメントツールとなるまで、粘り強く使い続けさせたことに尽きる。CEO、CFO、COOを含む全経営陣がF4Sのルールとプロセスに従い、あらゆる数字をF4Sのレポートでしか見ず、**すべての経営判断をF4Sに準拠して実施**している。

営業担当や営業部がF4Sの外でどんな細かいレポートを作り、数字を積み上げても経営陣には信じてもらえず、たとえF4Sに登録されていない成約で売上実績が予測よりも大きく上振れしても、F4SのKPIのひとつである売上予測精度(Forecast Predictability)が正確ではないと判断されて、かえって逆効果。つまり経営陣のスタンスが、決して「結果オーライ」ではないのである。これにより、システムに案件・数字を登録すると、それをコミットさせられると思い躊躇しがちだった営業担当が、F4Sが導入後からは、逆に登録しないと信頼を得られないことを理解していった。

F4S導入による効果

F4Sの導入によって、世界中の販社が同じ基準で登録する案件情報に基づく精度の高い売上予測が可能になったため、売上着地の精度が改善された。

グローバルレベルでも、2018年年初に発表した通年の業績見込み額に対して、実際に、見込み中央値からIFRS/Non-IFRSベースで＋2%未満での着地を実現し、日本においてもF4Sが本格導入されてからの3年間は安定した着地精度を維持しているだけでなく、2014年から2019年の6年間で1.5倍近くの成長を遂げており、グローバル平均を上回る成長率の達成を実現している。こうしてトップダウンで遂行されたチェンジマネジメントのおかげで営業プロセスの全行程が同じガバナンスの下に可視化され、ビジネスの安定的な見通しが可能となった。それだけでなく、すべての情報が同一システム内でデータ化されることで、**現在では機械学習による営業売上予測も実施可能**となり、その精度も実績と1～2%差の誤差に縮まってきている。F4Sが定着していくにつれて営業現場の限られた人的リソースが優先度の高い案件に最適なタイミングで配置されることで、「残業時間の減少など働き方そのものが変わっていった」という声を聞いた。

私はF4Sが営業現場の働き方の変革も目指していることは当初から知っていたが、こうして実際に経験したことで、何よりもF4Sは、SAP社が掲げるコーポレートビジョン、“Help the world run better and improve people's lives.”を実践したことに気づいた。

そう、“Improve employees' lives.”である。時間と労力をかけるだけの価値があったと心から思う。むしろ必要であり、SAPジャパン自身がなすべきことだったのだ。社員にだけでなく、お客様への見本としても。

文：SAPジャパン バイスプレジデント、マーケティング本部長 **重政 香葉子**

あとがき

本書は、2018年6月、SAPジャパン インダストリーバリューエンジニアリング事業統括本部に所属する、弊社で「業界スペシャリスト集団」と呼ばれているチームのメンバーが中心となり、世界のデジタルトランスフォーメーション成功例の紹介ブログをまとめたコンテンツにして、SAPジャパンブログサイトから配信を開始したことがきっかけです。

サイトでは、その後ほぼ四半期に1度のペースで配信を重ね、2019年末の時点での配信コンテンツ数が98本になりました。おかげさまでSAPジャパンブログサイト内での人気コンテンツとなり、配信するたびにPV数の記録を更新しています。このサイトでは、私たちのチームが執筆する業界最新事例コンテンツだけでなく、最新SAPソリューションの紹介や解説、イベントの開催報告など、多彩な情報に触れていただくことができます。ご覧になったことがない方は一度アクセスしていただき、ぜひ、配信都度メールでお知らせが届くように登録してみてください。

SAPジャパンブログ 超リアルタイムビジネスが変える常識

https://www.sapjp.com/blog/

ありがたいことに回を重ねるごとに、世界のデジタルトランスフォーメーション成功例コンテンツは、「本で読みたい」という声をいただくようになりました。ただ初めは、デジタルに関するトピックなのだから、書籍ではなくブログでとこだわる気持ちがありました。何よりも、ブログで引用する動画のほとんどは、執筆メンバー自らが日本語字幕編集をしていることもあって、それを使うことに愛着があったのです。

一方、社内で複数の営業職メンバーから、自分が担当しているお客様がブログは読めても社内インフラの制約でYouTubeサイトにアクセスできないため動画を見られないという話を聞き、2019年夏に、ブログ自体をスマホから読めるQRコード付きの二つ折りブローシャーを作ってみました。そこで気づいたのです。

書籍でも、紹介したい動画をQRコードにして印刷すれば、これまでにない読書体験を楽しんでいただけるのではないかと(それはそれとして、社内インフラからYouTubeサイトにアクセスできない企業の方々は、SAPの動画だけでなく、世界中の膨大で貴重なデジタルソースを業務で活用できていないということです。それは全くグローバル標準ではないし、何よりもビジネスにおける大きな大きな機会損失です。ぜひ、社内インフラの見直しをご検討ください)。

このQRコード付き「動画が見られるビジネス本」のアイディアを、プレジデント社執行役員 企画編集本部長の金久保 徹氏にお話ししたところ、熱いご賛同をいただき、出版の話がまとまりました。

ただ、ブログコンテンツの単なる移植では、すでにブログをご愛読いただいた方々にご満足いただくことはできません。そこで、これまでのブログテーマであるデジタルトランスフォーメーションからストレッチして、改めてテクノロジーが実現する未来予想の本を書くことに決め、それぞれ、自分が書いたコンテンツの中からテーマに沿ったものを選び、加筆・修正したのが今回の「Beyond 2025」です。

しかも、モチーフに選んだロンドンビジネススクールのリンダ・グラットン教授の「ワーク・シフト」「未来企業」はプレジデント社から日本語版が出版されています。なんというご縁かと、正直、この本に運命を感じました。

各執筆者が選んだ34個のコンテンツをどうまとめるか、章立てを考えるとき、金久保様から「第1章は社会性のあるコンテンツがいいですよ」とアドバイスをいただきました。そこでシンプルに、地球や社会への視点から人への視点という章の流れにしたところ、第1章と第5章のタイトルがSAPのコーポレートビジョンのイメージに重なりました。無意識でしたが、それだけに喜びと誇りを感じました。

Help the world run better and improve people's lives.

私たちはもう解のないホラーストーリーには飽き飽きしています。だから、この本を読む方には前向きな気持ちになって読み終えていただきたいと考えました。ご紹介した取り組みはすべて、決して簡単なものではありません。まだマジョリティーではないかもしれません。しかし、世界のどこかで起きている事実であり、痛みと汗をともなうことを覚悟した熱い意思決定の下、目標に向かって努力した人間の取り組みです。テクノロジーは、それを支えたのです。このことから、テクノロジーは社会をより良くし、人の喜びに貢献するものであることをお伝えし、読む方の現実への何かのヒントになることを目指しました。私を含めた執筆メンバー19名は、この20ヵ月間まとめブログで培ったONE TEAMの心意気をMicrosoft Teamsに乗せて、仲間の原稿の進捗とメッセージを横目で見ながら、短期間でそれぞれの原稿の完成度を高めていきました。気づけばそれはまさに「ワーク・シフト」に描かれた未来の働き方そのものでした。

第1章から第5章でご紹介した取り組みは、いずれも夢の話ではなく現実の話です。そして、それを決断し、実行したのはテクノロジーではなく人です。すべて人が為した話なのです。2025年、そしてその先へ。重ねて申しますが、決して楽ではありません。しかし誰かがすでにやっていることで、誰にとっても不可能ではないと信じます。

本書の執筆・編集においては、プレジデント社の金久保 徹氏、浦野 喬氏、鈴木美里氏に大変お世話になりました。また、中嶋 愛氏には私たちの未来に繋がる貴重なアドバイスをいただきました。ご尽力に深く感謝申し上げます。

そして、本書企画をサポートし、支援してくれたSAPジャパンの福田譲、鈴木洋史、最初に「まとめブログ」という形で発信する背中を押してくれた佐藤恭平、書籍出版の先輩としてプレジデント社との縁を作り、折に触れてアドバイスをくれた村田聡一郎をはじめ、多くの上司、同僚から協力を得ました。

とくに、執筆メンバーの古澤昌宏、松尾康男、山﨑秀一、柳浦健一郎、吉元宣裕、竹川直樹、熊谷安希子、久松正和、田積まどか、佐宗龍、吉岡仁、鹿内健太郎、土屋貴広、前園曙宏、横山浩実、小野寺富保、桃木継之助、重政香葉子に、心からの感謝を伝えたいと思います。

私たちの心は、すでに未来に向かっています。本書を読まれた日本のお客様とのBeyond 2025な取り組みをご支援し、その成果を続編として刊行すること、そして、それらをさらに多くの方々に知っていただいて取り組みを広げていくこと。

それこそが、私たちの本来の仕事です。

2020年2月吉日

SAPジャパン　松井昌代

Help the world run better and improve people's lives.

執筆者プロフィール（掲載順）

松井昌代
（SAPジャパン インダストリー・バリュー・エンジニア）

外資系コンサルティング会社を経て2013年にSAPジャパン入社。様々な業界へのコンサルティング経験を生かし、現在、医療、防災領域といった、特に業界を横断するイノベーション推進を担当する傍ら、Industry Thought Leadershipを推進。本書の監修、序章、各章プロローグ、第3章04、第4章01、あとがきを担当。

古澤昌宏
（SAPジャパン インダストリー・バリュー・エンジニア）

1995年SAPジャパン入社以来、顧客と直接接するさまざまな役割を経験。SAPのビジネス、日本企業のビジネスに関する変遷の豊富な知見を生かし、現在は組立型製造業全般のビジネスモデル、ビジネスプロセスモデル変革に関わる業務に従事。第1章01、第5章05を担当。

松尾康男
（EYアドバイザリー・アンド・コンサルティング株式会社
アソシエートパートナー）

外資系コンサルティング会社を経て2005年にSAPジャパン入社。電力、自動車、旅客運輸業界向けに、サステナビリティ、IoT、デジタルトランスフォーメーション領域の事業開発を担当。2019年より現職。第1章02を担当。

山﨑秀一
（SAPジャパン インダストリー・バリュー・エンジニア）

ドイツ現地法人を通じた在独日系企業向けITビジネスを経て、1998年にSAPジャパン入社。サプライチェーンマネージメントや生産管理を中核とした経験を生かし、現在は自動車業界の経営課題解決やイノベーション提案に従事。第1章03、第4章06を担当。

柳浦健一郎
（SAPジャパン インダストリー・バリュー・エンジニア）

製造業にてサプライチェーンマネージメントや生産管理業務を経験し、2003年にSAPジャパン入社。現在、主に先端テクノロジーを武器に世界市場で戦うハイテク業界のデジタルトランスフォーメーションへのチャレンジを支援。第1章04、第4章04を担当。

吉元宣裕

（SAPジャパン SAP Innovation Field Fukushima所長）

2002年に新卒としてSAPジャパンに入社。コンサルタントおよび営業職を経て、2019年より現職。主に福島県会津若松市のスマートシティーの取り組みを支援。企業のイノベーション推進とその社会実装を通じて、日本が抱える社会課題の解決を目指す。第1章05を担当。

竹川直樹

（SAPジャパン インダストリー・バリュー・エンジニア）

外資系コンサルティング会社を経て2008年SAPジャパン入社。SAPソリューションがもたらす価値を、ビジネスとテクノロジーの両側面からお客様（と世の中）に訴求する活動に従事。社内サステナビリティネットワークにも所属。第1章06、第2章01を担当。

熊谷安希子

（SAPジャパン インダストリー・バリュー・エンジニア）

1999年に新卒としてSAPジャパンに入社。購買領域、化学・素材業界、流通業、消費財業界向けの専門職を経て、現在、小売・ファッション業界に向けて海外最新事例、最新テクノロジーの日本企業への適用を支援。第1章07、第3章01を担当。

久松正和

（SAPジャパン インダストリー・バリュー・エンジニア）

通信会社、ベンチャー企業、システムベンダーを経て、2017年にSAPジャパン入社。通信業界およびプロフェッショナルサービス業界に対して、サービス開発およびデジタルトランスフォーメーションの戦略立案に従事。第1章08、第2章06を担当。

田積まどか

（SAPジャパン インダストリー・バリュー・エンジニア）

外資系コンサルティング会社、外資系ソフトウェアベンダーを経て、2015年にSAPジャパン入社。公益業界のデジタルトランスフォーメーションを推進。第2章02、第3章05を担当。

執筆者プロフィール(掲載順)

佐宗 龍

(SAPジャパン エンタープライズ・アーキテクト)

外資系ITベンダーを経て、2010年にSAPジャパン入社。SAP HANAビジネスの立ち上げからプラットフォーム製品の事業開発、製品営業、プリセールスと幅広く活動し、現在プリセールスエンタープライズアーキテクト。2014年からはドイツ本社と連携しスポーツビジネスの立ち上げを推進。第2章03、第4章03を担当。

吉岡 仁

(SAPジャパン インダストリー・バリュー・エンジニア)

外資系ソフトウェア会社やコンサルティング会社を経て、2008年にSAPジャパン入社。経営、インダストリー、ソリューションの複合的な視点から、お客様の変革の必要性及びそのビジネス効果を明確にする活動を通じて、デジタルトランスフォーメーションの加速化を支援。第2章04、第5章03を担当。

鹿内健太郎

(SAPジャパン インダストリー・バリュー・エンジニア)

総合系コンサルティング会社を経て2019年にSAPジャパン入社。多国籍企業における業務改革プロジェクト経験と米国MBAのデジタルと経営の知見を活かし、素材業界のデジタルトランスフォーメーションの推進を支援。第2章05、第4章05を担当。

土屋貴広

(SAPジャパン インダストリー・バリュー・エンジニア)

2002年SAP ジャパン入社。以来、様々な業界企業へのコンサルティング経験を活かし、企業の変革プロジェクト推進を担当するとともに、当時浸透度の低かった小売・流通業などのSAPビジネス立上げにも従事。現在、自身で建設、物流などの事業推進を担当する傍ら、同組織をマネジメント・ディレクターも兼務。第2章07、第 3 章06を担当。

前園曙宏

(SAPジャパン インダストリー・バリュー・エンジニア)

外資系ソフトウェア企業数社にて、金融機関向けのソリューション企画、営業部長、新規ビジネス推進担当のポジションを歴任し、2017年にSAPジャパン入社。現在は主に金融業界向けのデジタルトランスフォーメーション推進活動に従事。第3章02、第4章02を担当。

横山浩実

(SAPジャパン インダストリー・バリュー・エンジニア)

外資系コンサルティング会社を経て、2017年にSAPジャパン入社。官公庁・自治体・独立行政法人のお客様に対し、デジタルトランスフォーメーションの推進を支援。第3章03、第5章01を担当。

小野寺 富保

(SAP ジャパンAriba クラウド・レディネス・アドバイザー)

事業会社、外資系ソフトウェア企業で購買調達実務、外資系コンサルティング会社で管理、コンサルタント業務を経験し、2014年にSAP Aribaに入社。現在、クラウド・レディネス・アドバイザーという立場で戦略的調達の業務プロセスに関するアドバイスを担当。第3章07を担当。

桃木継之助

(SAPジャパン センター・オブ・エクセレンス)

1999年に新卒でSAPジャパン入社。人事業務、コールセンターを中心とした顧客接点業務、IoTや機械学習などの新技術を中心にした、さまざまな企業のデジタルを活用した業務改革の企画を支援。社内業務改革の経験を活かした実行性の高い企画化を信条とする。第5章02、04を担当。

重政香葉子

(SAPジャパン　バイスプレジデント、マーケティング本部長)

2002年にSAPジャパンに入社後、コンサルタント、サービス運用保守営業、社長室長、営業企画本部長を経て、2019年より現職。第5章06を担当。

原注／参考文献　一覧

序章

第1章

[1] THE NEW BIG CIRCLE 2018 https://docs.wbcsd.org/2018/01/The_new_big_circle.pdf

[2] ブレーキング時の運動エネルギーや排気ガスの熱エネルギーを回収・蓄積し、再利用するシステムの総称。フォーミュラ1においては、運動エネルギー回生システムは2009年シーズンに導入され、熱エネルギー回生システムは2014年シーズンからレギュレーションに加わった。

[3] "SAP Innovation Award 2019 講演資料" SAP https://www.sap.com/idea-place/sap-innovation-awards/submission-details.html?idea_id=455

[4] https://www.youtube.com/watch?v=gPJJ-5cLnBnl

[5] https://youtu.be/gPJJ5cLnBnl

[6] https://www.wwf.or.jp/activities/basicinfo/3776.html

[7] https://www.plasticsnews.com/perspective/unlocking-circular-economy-petrochemical-manufacturers-lead-charge-reinvent-recycling

[8] 国連食糧農業機関（FAO）レポート http://www.fao.org/3/a-i2697e.pdf

[9] 「持続可能な開発目標（SDGs）とは？」外務省 https://www.mofa.go.jp/mofaj/gaiko/oda/sdgs/about/index.html

[10] ゼロ・ウェイストとは、無駄・ごみ・浪費 をなくすという意味。 出てきた廃棄物をどう処理するかではなく、そもそもごみを生み出さないようにしようという考え方。

[11] 3分の1ルール"とは、賞味期限の3分の1までを小売店への納品期限、次の3分の1までを消費者への販売期限とする業界の商慣習。

[12 3Rは、Reduce（リデュース）、Reuse（リユース）、Recycle（リサイクル）の3つの英語の頭文字をとり、それぞれ意味は以下の通り。

- Reduce（リデュース）は、使用済みになったものが、なるべくごみとして廃棄されることが少なくなるように、ものを製造・加工・販売すること
- Reuse（リユース）は、使用済みになっても、その中でもう一度使えるものはごみとして廃棄しないで再使用すること
- Recycle（リサイクル）は、再使用ができずにまたは再使用された後に廃棄されたものでも、再生資源として再生利用すること

[13] 「海から食卓へ – Bumble Bee社：ブロックチェーン活用で「食のトレーサビリティ」を実現 」SAPジャパンブログ https://www.sapjp.com/blog/archives/24682

[14] https://www.sap.com/idea-place/sap-innovation-awards/submission-details.html?idea_id=568

第2章

[1] "ArcelorMittal at a glance2015" ArcelorMittal http://www.sapevents.edgesuite.net/rumm-summit/2015/pdfs/3ENG_ArcelorMittal%20presentation.pdf

[2] "IT at ArcelorMittal - Linking IT Strategy to Business Strategy" ArcelorMittal http://www.sapevents.edgesuite.net/SAP_Forum/sap-mining-metals-forum/pdfs/MM_Forum_Keynote_2.pdf

[3] グリーンフィールドアプローチ:現在稼働しているシステムと別に新規システムを作り直しして、マスターデータのみを移管する手法。現有システムの設計に縛られず理想的なIT環境を早く得ることができる。

[4] "SAP Innovation Awards 2019講演資料" SAP https://www.sap.com/bin/sapdxc/inm/attachment.1687/pitch-deck.pdf

第3章

[1] 「ファストファッション」とは、最新の流行を採り入れながら低価格に抑えた衣料品を、短いサイクルで世界的に大量生産・販売するファッションブランドやその業態。（Wikipediaより）

[2] 「電子商取引きに関する市場調査」経済産業省 商務情報政策局 情報経済

課　平成30年4月https://www.meti.go.jp/policy/it_policy/statistics/outlook/h29reportv3.pdf

[3] Qualtrics helps us achieve true customer centricity every day.

[4] Why Allianz Global Corporate & Specialty looks to employees for CX inspiration

[5] Digital States Survey 2014 https://www.govtech.com/cdg/digital-states/Digital-States-Survey-2014-Results.html
Digital States Survey 2018 https://www.govtech.com/cdg/digital-states/Digital-States-Survey-2018-Results.html

[6] Illinois: Making Government Work https://news.sap.com/2018/07/smarter-state-illinois-makes-government-work-with-sap/

[7] Strategize Government and Statewide Digital Transformation https://events.sap.com/sapandasug/en/session/37435

[8] 「行政サービスのグランドデザイン骨子（案）」 首相官邸 デジタル・ガバメント技術検討会議
https://www.kantei.go.jp/jp/singi/it2/senmon_bunka/dejigaba/dai8/siryou1.pdf

[9] 「デジタル・ガバメント実現のためのグランドデザインについて（概要案）」 首相官邸 デジタル・ガバメント技術検討会議https://www.kantei.go.jp/jp/singi/it2/senmon_bunka/dejigaba/dai9/siryou1.pdf

[10] "History of Mercy Technology Services" Mercy Technology Services https://www.mercytechnology.net/about/history

[11] "With SAP Data Solutions, Mercy Cuts $30 Million in Implant and Surgical Supply Costs" INSIDE Digital Health https://www.idigitalhealth.com/news/with-sap-data-solutions-mercy-cuts-30-million-in-implant-and-surgical-supply-costs

[12] "How satisfied, really satisfied, are Owners?" Dodge Data and Analytics, ENR (2016). https://www.leanconstruction.org/media/img/safetyweek/FINAL%202016-04-26%20LCI%20National%20Webinar%20-%20Owner%20Project%20Performance%20Study.pdf

第4章

[1] 日経新聞記事 2019年11月15日
https://r.nikkei.com/article/DGXMZO52231740V11C19A1000000?s=1

[2] NATHAN（Natural Hazards Assessment Network：自然災害評価ネットワーク）

[3] 出典SAP Innovation Awards 2019 "Risk Suite: Geo powering businesses with big data analytics and geospatial data" https://www.sap.com/bin/sapdxc/inm/attachment.2525/pitch-deck.pdf

[4] HappyOrNot社 https://www.happy-or-not.com/jp/

[5] Kloeckner "Leading the digital transformation of metal distribution" https://www.kloeckner-i.com/wp-content/uploads/2018/08/Kloeckner_Co_Digitalization_Summer_2018.pdf

[6] McKinsey Quarterly "How a steel company embraced digital disruption" https://www.mckinsey.com/industries/metals-and-mining/our-insights/how-a-steel-company-embraced-digital-disruption

[7] Accenture Blog "Digitizing the steel market: Not if, but when" https://www.accenture.com/us-en/blogs/blogs-digitizing-steel-market

[8] フレッド・ライクヘルドが提唱した、顧客ロイヤルティ、顧客の継続利用意向を知るための指標。

第5章

[1] "SAP NEWS CENTER ／ Elephants Rhinos & People" https://news.sap.com/tags/elephants-rhinos-people/

[2] "groupelephant.com" http://www.groupelephant.com/

[3] 「トラック運送業の現状等について」 国土交通省 http://www.mlit.go.jp/common/001242557.pdf

[4] 本研修プログラム #HelpingHandsLive のコンタクト先：https://odysseyteams.com/

Beyond 2025

2020年 3 月16日　第1刷発行
2020年12月10日　第2刷発行

監　修　松井昌代(SAPジャパン)
発行者　長坂嘉昭
発行所　株式会社プレジデント社
〒102-8641
東京都千代田区平河町2-16-1 平河町森タワー13階
https://www.president.co.jp/
https://presidentstore.jp/
電話　編集03-3237-3733
販売 03-3237-3731
販　売　桂木栄一、高橋 徹、川井田美景、森田 巌、末吉秀樹

執　筆　松井昌代、古澤昌宏、松尾康男、山﨑秀一、柳浦健一郎、吉元宣裕、竹川直樹、熊谷安希子、久松正和、田積まどか、佐宗 龍、吉岡 仁、鹿内健太郎、土屋貴広、前園曙宏、横山浩実、小野寺富保、桃木継之助、重政香葉子
装　丁　鈴木美里
組　版　清水絵理子
校　正　株式会社ヴェリタ
制　作　関 結香
編　集　金久保 徹

印刷・製本　大日本印刷株式会社

※本書に掲載した画像の一部は、
使用許諾済みのSAPジャパンのサイトから流用しています。
※本書に掲載した画像の一部は、
Shutterstock.comのライセンス許諾により使用しています。
※本書では、英語表記の行替えに「-」を入れておりますので、ご注意ください。

ISBN　978-4-8334-5153-6
Printed in Japan